普通高等院校创新型人才培养新形态精品教程

创新创业管理实训教程

(通用版)

主　编　◎陈黎　潘津津

华中科技大学出版社
http://press.hust.edu.cn
中国·武汉

图书在版编目 CIP 数据

创新创业管理实训教程：通用版/陈黎，潘津津主编 .—武汉：华中科技大学出版社，2023.3
ISBN 978-7-5680-9185-5

Ⅰ.①创…　Ⅱ.①陈…　②潘…　Ⅲ.①创新管理-教材　Ⅳ.① F273.1

中国国家版本馆 CIP 数据核字（2023）第 047329 号

创新创业管理实训教程（通用版）

陈　黎　潘津津　主编

Chuangxin Chuangye Guanli Shixun Jiaocheng(Tongyongban)

策划编辑：周晓方　宋　焱
责任编辑：林珍珍
封面设计：廖亚萍
责任校对：张汇娟
责任监印：周治超

出版发行：华中科技大学出版社（中国·武汉）　　电话：（027）81321913
　　　　　武汉市东湖新技术开发区华工科技园　　邮编：430223

录　排：华中科技大学出版社美编室
印　刷：武汉开心印印刷有限公司
开　本：787mm×1092mm　1/16
印　张：14
字　数：287 千字
版　次：2023 年 3 月第 1 版第 1 次印刷
定　价：48.00 元

本书若有印装质量问题，请向出版社营销中心调换
全国免费服务热线：400-6679-118　竭诚为您服务
版权所有　侵权必究

前言

2022年10月中国共产党第二十次全国代表大会上，国家主席习近平发出"加快实施创新驱动发展战略"的号召。报告指出，"完善人才战略布局，坚持各方面人才一起抓，建设规模宏大、结构合理、素质优良的人才队伍"。加快实施创新驱动发展战略，要"坚持面向世界科技前沿、面向经济主战场、面向国家重大需求、面向人民生命健康，加快实现高水平科技自立自强。以国家战略需求为导向，集聚力量进行原创性引领性科技攻关，坚决打赢关键核心技术攻坚战。加快实施一批具有战略性全局性前瞻性的国家重大科技项目，增强自主创新能力。加强基础研究，突出原创，鼓励自由探索。提升科技投入效能，深化财政科技经费分配使用机制改革，激发创新活力。加强企业主导的产学研深度融合，强化目标导向，提高科技成果转化和产业化水平。强化企业科技创新主体地位，发挥科技型骨干企业引领支撑作用，营造有利于科技型中小微企业成长的良好环境，推动创新链产业链资金链人才链深度融合"。[①]青年学子是未来创业的主要驱动力，因此在高校编写优质的创业教材，开设相关创业课程，有助于增强大学生的创业知识储备，同时提高其创业技能。

"创业之星"是杭州贝腾科技有限公司开发的针对高校学生进行创业模拟实训的软件。它是国内第一个使用商业模拟技术开发的面向高校学生的创业管理实践课程平台，也是国内第一个开展全程创业模拟实训的平台。平台采用国际领先的商业模拟技术实现创业模拟的全过程。本教材借助模拟企业经营的软件，帮助学生亲身体验仿真企业全面的经营过程。通过角色扮演、导师指引、案例分享、角色互换、交流互动等方式，训练学生的战略规划与管理、营销策略、财务管理、生产运作与管理、物流管理、市场信息收集与运用、绩效管理、风险管理、团队合作等相关能力，全面提高受训者的综合素质，使其快速掌握企业经营管理的相关技能和策略。本教材尝试将创业理论与创业模拟实践相结合，详细介绍创业全过程，以提高创业

---

① 习近平：高举中国特色社会主义伟大旗帜 为全面建设社会主义现代化国家而团结奋斗——在中国共产党第二十次全国代表大会上的报告（2022-10-25）. http://www.gov.cn/xinwen/2022/10/25/content_5721685.htm.

者创业技能，避免其因创业知识储备不足而导致创业失败。

本教材分为以下七章内容：第一章介绍创业的精神和"创业之星"软件，以图表方式向学生展示了软件的各项经营决策操作；第二章介绍创业的实施准备，主要包括创业能力的评估、识别创业机会、创业资源的整合等；第三章主要介绍创业计划书，不仅介绍了创业计划书的撰写步骤，而且介绍了创业计划书成功的要素；第四章和第五章主要介绍企业日常的运营管理，围绕创业企业发展的生命周期，制定各项决策，并最终推动企业成长壮大；第六章介绍了初创企业管理模块，模拟企业简单的日常经营活动，使学生了解企业的实际运作流程；第七章介绍企业运营模拟实训技巧，详细讲解使用"创业之星"软件进行大型比赛常用的策略。

本教材的特点主要体现在以下几个方面。

第一，将创业理论知识和实践模拟操作相结合，系统介绍创业从无到有的各个要素。目前市面上的创业书籍和教材以理论知识为主，与创业模拟软件相结合的书籍少之又少。本教材借助模拟企业经营的软件，帮助学生亲身体验仿真企业全面经营的过程，弥补了现有市场的空白。

第二，强化仿真实践，降低创业风险。本教材将初创企业经营模拟与信息化进行了动态的结合，使学生置身于高仿真的制造型企业中，面对完全竞争市场的各种复杂情况进行企业经营活动和决策。同时让学生将所学知识运用于实践中，让学生在实践之前通过模拟运营提高抗风险能力，降低创业前期因为环境、制度和管理方面的生疏而创业失败的概率。

第三，以创业评估和实际操作为全书重点，分析企业运营模拟中的企业运营策略，以针对性地提高大学生创业管理能力，使其根据灵活多变的市场，运用不同的生产与排产能力、广告投放与产品定价策略，实现企业效益最大化。

本教材是针对工商管理专业或对创业感兴趣的大学生学习企业运营相关知识、了解企业运营模拟软件操作方法编写的。它既可以作为普通高校、高职高专、开放式大学等创业教育课程的教学用书，也可以作为相关研究领域学者的参考用书，还可以供社会各界的广大读者学习。

相信这本实用性和针对性强、系统完整的实务型教材，能够为广大读者所接受和喜爱，同时也希望它能够给阅读本书的读者带来更扎实的知识储备和更精湛的操作技巧。

编　者

2022 年 10 月

目录

第一章　创业管理简介 ···1

　　第一节　创业的认知 ···1
　　第二节　创业的能力 ···7
　　第三节　认识"创业之星" ··19

第二章　创业的实施准备 ··27

　　第一节　创业者与创业团队 ··27
　　第二节　创业商业模式 ···31
　　第三节　创业资源整合 ···34
　　第四节　创业计划应用实训 ··40

第三章　创业计划书的撰写 ··44

　　第一节　创业计划书的准备工作 ···44
　　第二节　创业计划书的撰写方法 ···49
　　第三节　创业计划书主要内容 ···54
　　第四节　创业计划书撰写实训 ···63

第四章　企业管理概要 ···68

　　第一节　企业组织结构 ···68
　　第二节　企业战略 ···72
　　第三节　企业计划 ···78
　　第四节　内部流程及控制 ··80
　　第五节　企业开办应用 ···84

第五章　企业竞争规则 ···100

　　第一节　企业经营要点 ···100
　　第二节　企业经营目标规划 ··104

第三节　企业经营战略规划 ·· 107
　　第四节　企业核心竞争力 ·· 133
　　第五节　企业团队角色模拟和人员分工 ·································· 136

第六章　企业经营模拟流程 ·· 149
　　第一节　企业简介 ··· 149
　　第二节　模拟企业初始阶段 ·· 156
　　第三节　企业试经营 ··· 159
　　第四节　企业综合经营管理应用 ··· 177

第七章　企业经营模拟实训 ·· 181
　　第一节　教学目的 ··· 181
　　第二节　教学内容与目标 ··· 181
　　第三节　企业运营决策流程 ·· 182
　　第四节　交流与点评 ··· 194

参考文献 ··· 215

与本书配套的二维码资源使用说明 ··· 216

第一章

创业管理简介

创新精神和创业能力是当今时代稀缺的社会资源。当前，全球新一轮科技革命和产业变革蓄势待发，我国经济正进入快速变化、结构优化和动力转换的关键时期。出于应对经济转型和全球化激烈竞争局面的迫切需要，各国的竞争聚焦于创新与创业的水平。创新创业已成为一国经济持续发展的原动力和国家竞争力的源泉。面对新的形势，深入推进大众创业、万众创新，着力营造有利于杰出科学家、发明家、技术专家和企业家涌现，大众创业、万众创新蔚然成风的社会环境和文化氛围迫在眉睫。

影响创新创业的因素有很多。创新创业的核心是人，关键是创新型企业的发展壮大。从某种程度上讲，推动创新创业的发展就是坚持以人为本，提高国民的教育水平，充分调动和激发人的创新创业积极性，不仅重视精英创业，而且突出草根创业。

第一节 创业的认知

一、创业的定义与功能

创业是开创新的事业或基业的系统性活动的过程。狭义的创业可以理解为个人或群体在社会开展的以创造财富为主要目的的创新性活动；广义的创业可以理解为创造新的事业的过程。

我们认为，创业是指创业者运用知识或经验，以创新精神寻找和抓住商业机会，承担风险，进行资源整合，实现社会价值和自我价值的管理活动过程。这个定义包含以下几个方面的内涵。

1. 创业者首先要有创业精神和相关知识经验

创业精神的本质是创新。有知识才有智慧，才能想出创业的点子，理论知识、经验为创业者的创业提供强大的支撑，可以说，创业精神、知识经验是成功创业的必要条件。

2. 创业必须以创新为前提，以创新带动创业

创新是创业的灵魂，是创业的核心。创新必须勇于进取，敢于打破传统和条条框框，取得新的突破。创新是创业发展的原动力。作为创业原动力的创新，可以是多元的，如技术、产品、管理、营销、商业模式等都可以作为创新的内容。创业之初，一般创业者都缺少资源，他们要突破重重限制，进行有效的资源整合，力求以最少的代价获取更多有用的资源，这里的资源包括有形的和无形的资源。

3. 创业者必须能寻找、识别、抓住商业机会

这是创业的开始。商业机会时时都有，处处都有，关键是人们能不能识别和抓住它。商业机会就是创业机会，抓住了商业机会的钥匙，才能顺利打开成功创业的大门。

4. 创业伴随着风险

创业者选择创业，本身就有相当大的不确定性，即有高度的风险性，但风险与回报一般呈正相关，即高风险可能带来高回报，低风险可能带来低回报，而无风险也就无回报或低回报。由于市场环境、资源供给、制度环境等具有不确定性，创业的过程必然伴随着较大的风险。

5. 创业者能进行有效的资源整合

创业者可以不受当前资源约束，通过寻找资源、合理配置资源、有效利用资源等，达成创业的目标。创业的过程是由资源短缺到资源增多增值的过程。

6. 创业能实现自我价值和社会价值

创业者追求的目标是价值的实现，这包括个人自我价值的实现，按照马斯洛需要层次论，创业也是为满足生存、安全、爱、尊重和自我实现的需要。这些基本需要互相联系，按优越性的等级排列。当一些基本需要得到相当好的满足之后，更高层次的需要才会显现。当然，马斯洛也承认社会上大多数人的需要是部分地得到满足。人们实现不同层次需要的过程中，追求的层次越高，所创造的社会价值越大，对经济社会

发展的推动作用也会越大。因此，创业者在实现自我价值的同时，也会提升对社会价值的整体水平。

二、创业的类型

随着我国社会经济的全面、快速发展，社会结构和经济形态呈现多元化和复杂化的态势，投身创业活动的人越来越多。这里我们从创业动机、创业形式和创业主体三个维度对我国目前的创业活动进行分类。

1. 按创业动机分类

依据创业的不同动机，可以将创业分为机会型创业和生存型创业。

（1）机会型创业

机会型创业是指创业者将创业作为其职业生涯中的一种选择，在创业活动中发现新的商机。这种创业是机会导向型的。机会型创业者通常不会选择自我雇佣的形式，而是具有明确的创业梦想。他们准确地识别和把握创业机会，是有备而来的。机会型创业是为了追求某个商业机会而从事创业的活动，虽然创业者还有其他的选择，但由于个人偏好而主动地选择了创业，显示出创业者的主动性。

（2）生存型创业

生存型创业是指创业者把创业看作为生存而必须进行的选择，因为所有其他选择不是行不通就是不能令人满意。生存型创业是创业者为求生存和发展不得不做出的选择。生存型创业常常会选择自我雇佣的形式。

由此可见，机会型创业和生存型创业不完全是创业者主观选择的结果，很多时候由创业者面临的环境和能力决定。

机会型创业与生存型创业相比，在创业动机、创业目标、带动就业、产业升级、资源需求和创业领域等方面存在较大的差异，具体见表1-1。

表1-1 机会型创业和生存型创业的差异比较

	机会型创业	生存型创业
创业动机	为了追求某个商业机会而从事创业的活动，虽然创业者还有其他的选择，但由于个人偏好而主动地选择了创业，显示出创业者的主动性	所有其他选择不是行不通就是不能令人满意，为求生存和发展不得不做出创业选择，显示出创业者的被动性
创业目标	注重的是新市场，体现出创业市场的潜在性	面对现有市场，并在现有市场中捕捉机会，体现出创业市场的现实性

续表

	机会型创业	生存型创业
带动就业	面对的是需求多、容量大的市场，企业未来的发展规模大，生产批量大或服务面广，造就的就业岗位多	受生活所迫，物质资源贫乏，从事低成本、低门槛、低风险、低利润的创业，往往无力用工
产业升级	通过新产业的开拓实现对新市场的开拓，基于市场创新和科技创新实现创业目标，成为产业结构升级的助推器和经济社会发展的重要驱动力	从事的是技术壁垒低、不需要很高技能的行业，对产业结构升级几乎不发挥作用
资源需求	需要分析和发现新的市场机会，需要较多具有专业知识的人才，需要较多的初始财务资源和尖端的技术资源，比较重视与外界维持长期的良好关系，还需要有较为丰富的社会资源	对资源的要求较低
创业领域	利用自主知识产权进行技术型创业，主要分布在资源要求较高的金融、保险、房地产等领域	创业往往是小型的，主要分布在零售、汽车租赁、个人服务、保健、教育服务、社会服务和娱乐领域等

2.按创业形式分类

根据创业形式的不同，可以将创业活动分为复制型创业、模仿型创业、安定型创业与风险型创业。

（1）复制型创业

复制型创业是指创业者在现有经营模式的基础上进行简单复制的过程。例如，某人原本在餐厅里担任厨师，离职后自行创立一家与原服务餐厅类似的新餐厅。在现实社会中，新企业中属于复制型创业的比例较高，且由于前期经验的累积，这种类型创业的成功率也很高，但由于这种类型创业的创新贡献比较低，缺乏创业精神的内涵，不是创业管理主要研究的对象，在创业研究中人们对这种类型的创业关注得比较少。

（2）模仿型创业

模仿型创业是一种在借鉴现有成功企业经验基础上进行的重复性创业。例如，某一制鞋公司的经理辞掉工作，开设一家当下流行的网络咖啡店。这种形式的创业具有较高的不确定性，学习过程长，犯错机会多，试错成本也较高。不过创业者如果具有适合的创业人格特征，经过系统的创业管理培训，注意把握市场进入时机，创业成功的可能性也比较大。

（3）安定型创业

安定型创业是一种在比较熟悉的领域进行的不确定因素较少的创业。这种类型的创业，虽然为市场创造了新的价值，但对创业者而言，本身并没有发生太大的改变，其所从事的是比较熟悉的工作。这种创业类型强调的是创业精神的实现，也就是创新的活动，而不是新组织的创造。企业内部创业就属于这一类型。例如，研发单位的某小组在开发完成一项新产品之后，继续在该企业部门开发另一项新的产品。

（4）风险型创业

风险型创业是指创业者开辟新的领域进行的不确定性较强的创业。这种类型的创业虽然风险大，失败率高，但其创业成果在某些方面会有很大突破，能对行业甚至经济社会的发展起到巨大的推动作用。它会给创业者本身带来很大改变，但同时个人前途的不确定性也很高；新企业的产品创新活动将面临很大的失败风险，但成功所得的回报也很惊人。这种类型的创业要想获得成功，必须在创业者能力、创业时机、创业精神发挥、创业策略研究拟定、经营模式设计、创业过程管理等方面，进行合理的规划。

以前创业研究注重创业者个体，如今已转移到注重创业过程本身和创业者与创业活动之间的互动关系。

3.按创业主体分类

根据创业主体的不同，可以将创业分为个体创业与公司创业。

（1）个体创业

个体创业就是个体独资、不依附于某一特定组织而开展的创业活动。个体创业活动的起点往往是一个有价值的创意以及一群具备创业理念的团队成员。个体创业的过程充满了挑战，创业者和创业团队的想象力、创造力可以得到最大限度的发挥，但同时风险和难度比较大，创业者会在资源、经验和相关方支持等方面遇到困境。

（2）公司创业

公司创业指各种类型和规模的现有公司所实施的创业活动，是现有的公司为了适应市场环境的变化，开发新的产品或者服务，提高公司竞争力和盈利能力而开展的创业活动。这种创业活动可以由组织自上而下发起，也可以由员工自下而上推动，无论推动者是谁，公司的员工都有机会通过主观努力参与其中，在这种创业中获得报酬并得到锻炼。这种内部创业体现了成熟企业整合现有资源、开拓新的发展机会的创新过程。

个体创业和公司创业从本质上看同属创业活动，因此有很多共同特征，如机会导向、创造性地整合资源、创造价值、超前行动、创新和变革等。但是由于创业主体在资源、禀赋、组织形态和战略目标等方面各不相同，两者在创业的风险承担、成果收获、创业环境、创业成长等方面存在较大的差异，具体见表1-2。

表1-2 个体创业和公司创业的主要差异

个体创业	公司创业
创业者承担风险	公司承担风险，而不是与个体相关的生涯风险
创业者拥有商业概念	公司拥有商业概念，特别是与商业概念有关的知识产权
创业者拥有全部和大部分事业	创业者或许拥有公司的权益，但可能只是很小一部分
从理论上说，创业者的潜在回报是无限的	在公司内，创业者所能获得的潜在回报是有限的
容错空间有限，个体的一次失误可能导致整个创业失败	公司拥有更多的容错空间，能够容忍失败
受外部环境波动的影响较大	受外部环境波动的影响较小
创业者具有相对独立性	公司内部的创业者受团队的牵制
在过程、试验和方向的改变上具有灵活性	公司内部的规则、程序和官僚体系会阻碍创业者的策略调整
决策迅速	决策周期长
低保障	高保障
缺乏安全网	有一系列安全网
在创业主意上，可以沟通的人少	在创业主意上，可以沟通的人多
至少在创业初期，存在有限的规模经济和范围经济	能够很快实现规模经济和范围经济
严重的资源局限性	在资源上有优势

第二节 创业的能力

一、创业三要素

在创业研究史上,杰弗里·蒂蒙斯(Jeffry A.Timmons)是世界创业教育的领军人物、全球首位创业学博士,享有"创业教育之父"的美誉。他系统地提出,成功的创业活动,必须将商业机会、创业团队和资源这三者进行最适当的搭配,并且要随着事业发展做出动态的平衡。创业流程由商业机会启动,在组成创业团队之后获得必要的资源,创业计划便可以顺利进行。蒂蒙斯创业过程模型理论认为,商业机会、创业团队和资源这三要素组成了创业的内核,而创业过程的核心就是如何把这三个核心要素有机地结合在一起。

蒂蒙斯创业过程模型中三个核心要素构成一个倒立的三角形,创业团队位于三角形的底部。在创业过程中,创业领导者及创业团队的任务就是反复探求更大的商机和资源的合理运用,其中创业领导者的作用至关重要,如图1-1所示。

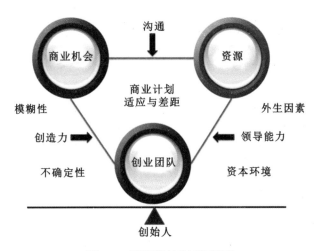

图1-1 蒂蒙斯创业过程模型

蒂蒙斯认为,在创业的前期,机会挖掘和选择最为关键,创业初期的重点在于创业团队的组建,当新事业顺利启动后,才会增加对资源的需求。在创业过程中,由于机会的模糊性、市场的不确定性、资本市场的风险性以及外在环境变迁等都会影响创业活动的开展,创业过程充满风险。该模型认为,创业是高度动态的过程,随着创业活动的时空变迁,商业机会、创业团队、资源这三要素因比重发生变化而产生失衡现象,具有弹性和动态平衡的特征。

从蒂蒙斯创业过程模型可以看出,商业机会、创业团队和资源是创业过程最重要的驱动因素。其中，商业机会是创业过程的核心驱动力，创业团队是创业过程的主导者，资源是创业成功的必要保证。

在创业活动中，商业机会、创业团队、资源三者之间没有好坏之分，重要的是匹配和平衡，包括商业机会与创业团队的匹配和平衡、商业机会与资源的匹配和平衡。创业过程就是商业机会、创业团队和资源这三要素匹配和平衡的结果。处于模型底部的创业团队要善于配置和平衡，借此推进创业过程，确保创业成功。这些道理看似简单，但对创业者来说，要真正做到不是一件容易的事情。开始创业时，商业机会比资金、团队成员的才干和能力及对应的资源更重要。之后，资源与商业机会之间会经历一个"适应—差距—适应"的动态过程。

在保持平衡的理念展望企业未来时，创业团队必须考虑的问题是，目前的团队是否能引领公司未来的成长、资源状况，以及下一阶段可能会面临的问题。这些问题在不同的阶段以不同的形式出现，关系着企业的可持续发展。

二、创业的素质与能力

创业是极具挑战性的社会活动，是对创业者自身智慧、能力、气魄、胆识的全方位考验。一个人要想获得创业的成功，必须具备创业者的基本素质。

1.创业者的创新能力

创新是知识经济的主旋律，是企业化解外界风险和取得竞争优势的有效途径。创新能力是创业者基本素质的重要组成部分。它包括两方面的含义：一是大脑活动的能力，即创造性思维、创造性想象、独立性思维和捕捉灵感的能力；二是创新实践的能力，即人在创新活动中完成创新任务的具体工作的能力。创新能力是一种综合能力，它与人们的知识、技能、经验、心态等有着密切的联系。一个人只有具备广博的常识、扎实的专业基础知识、熟练的专业技能、丰富的实践经验，同时具有良好心态才容易形成创新能力。创新能力的形成与个体的创新意识、智力、创造性思维和创造性想象等分不开。

2.创业者的决策能力

决策能力是创业者根据主客观条件，因地制宜地确定创业的发展方向、目标、战略及具体选择实施方案的能力。决策能力是一个人综合能力的体现，创业者首先是一个决策者。创业者的决策能力通常包括分析能力、判断能力和创新能力。人们要想创业，首先需要从众多的创业目标及方向中进行分析比较，选择最适合发挥自己特长与优势的创业方向、途径与方法。

3.创业者的执行能力

对于创业者而言，管理能力很重要，执行能力也很重要，需要创业者用心思考和体会、慢慢提升，以创造更多的价值和成绩。创业者的执行能力取决于其本人是否有良好的工作方式与习惯，是否熟练掌握管理人与事的相关技能，是否有正确的工作思路与方法，是否具有快速执行的管理风格与性格特质等。

三、创业者的创业动机

创业者的动机是指引起和维持个体从事创业活动，并使活动朝着既定目标发展的内部动力，是鼓励和引导个体为创业成功而行动的内在力量。创业动机是创业者的内在动力，创业行为是这种内在动力的外在表现。创业动机产生的内在动力是需求，外在条件是诱因。创业动机可以激发、指导、维持和协调创业活动。创业动机对创业行为可以产生促进作用。

有些大学生的创业动机比较直接、强烈并带有功利性，比如，他们有的将改变家庭和个人的经济状况、获得丰厚的创业回报等作为直接动机。也有一些大学生的创业动机较为间接，功利性比较弱，他们并不把赚钱作为创业的最重要目的，而是想通过创业展示自己的才华，发挥自己的潜能，服务社会，推动经济和社会发展，最大限度地实现自己的人生价值。对于后者来说，创业是他们人生理想的重要组成部分。

许多人因受到现实的刺激而创业，这种刺激有可能是物质上的匮乏，也有可能是精神上的空虚。这种刺激以一定的动力为基础，一般来说，需求是创业的内在动力。因此，创业动机可以具体划分为生存需求满足型、自尊需求满足型和自我实现需求满足型。

1.生存需求满足型

生存需求满足型是创业者为满足生存需求而创业的一种动机类型。生存需求是创业者最原始、最有动力的需求，很多人创业的目的是解决个人和家庭最基本的温饱及生存问题。生存是人类的基本需求，每个人都为生存而选择这样或那样的方法，而创业也是维持生存的一种有效方式。生存需求满足型的创业动力来自本能和生活的挑战，因此生存需求满足型是创业动机最基本的类型。

2.自尊需求满足型

自尊需求满足型是创业者为满足自尊需求而创业的一种动机类型。自尊需求也叫尊重需求，包括自尊、他尊和权力欲三种需求，具体表现为以下两点：一是渴望实力、成就、适应能力和面向世界的自信心以及独立与自由；二是渴望名誉与声望，这种名誉与声望来自别人的尊重、赏识、注意或欣赏。一个人的自尊需求如果得到满足，他就能体验到自信、价值与能力、力量及适应性增强等，而如果这些需求没有得到满足，他将产生自卑感、虚弱感和无能感。创业者希望通过创业成功而受到别人的重视及尊重，赢得声望和名誉，从而满足自尊需求。自尊需求满足型创业者的动力源泉主要是对生活的追求态度、对人生的满意程度等。

3.自我实现需求满足型

自我实现需求满足型是创业者为满足自我实现的需求而创业的一种动机类型。自我实现需求即马斯洛提出的关于成长与发展、发挥自身潜能、实现理想的需求。自我实现需求是一种追求个人能力极限的内驱力，这种需求一般表现在两个方面：一是胜任感，即有这种需求的人试图控制事物或环境，而不是被动地等待事物或环境的发生与发展；二是成就感，即有这种需求的人认为成功的喜悦比任何报酬都重要，他们更注重结果。自我实现需求满足型创业者的动力主要来自文化价值观，很多创业者在打破心理、个人背景、自身经济等诸多因素的限制后，拥有更多的是光耀门楣与出人头地的价值观。

四、创业机会的发掘

1.创业机会的界定

创业者要善于发现和利用机会。创业机会是创业领域的核心问题，这一点逐渐成为人们的共识。那么，到底什么是创业机会呢？国内外创业研究学者从不同的侧重点对其进行了界定和研究。

当代奥地利学派掌门人伊斯雷尔·柯兹纳（Kirzner）认为创业机会是由一系列的市场不完全（market imperfections）产生的。因为市场参与者是基于信念、偏好、直觉以及准确或不准确的信息来进行决策的，他们对市场可能出的价格以及将来可能产生的新市场有不同的判断。市场过程实质上是每个个体都坚持自己的信念，并将这些信念通过询价来传递，而询价在传递信息的同时也在影响他人。

美籍奥地利政治经济学家约瑟夫·熊彼特（Joseph Alois Schumpeter）是创新理论奠基人。他指出，创业机会是通过把资源创造性地结合起来，满足市场的需要，创造价值的一种可能性。由于技术、政治、社会以及其他因素的各种变化，市场时刻处在不稳定、不平衡的状态，这为人们发现新的盈利机会提供了可能性。以互联网为例，它最初只是为了方便人们沟通，现在已经变为新产品不断产生的平台，它提供分销渠道、产生新的资源供给，同时使新的组织形式（虚拟组织）的出现变为可能。

以上界定中，伊斯雷尔·柯兹纳强调市场不完全所带来的创业机会，而约瑟夫·熊彼特则强调企业家结合资源创造价值的可能性。结合以上观点，我国学者邓学军认为，创业机会是一种满足未得到满足的有效需要的可能性，它可以视为市场需求和企业家精神的一个交集，是企业家能识别的有效需求。邓学军还认为，这种需求有可能暂时得到满足，但要被激发和再组织，还必须具有盈利潜力。因此这种需求具备以下要素：一是满足这个需求的成本低于人们满足期望的价格；二是需求水平本身足够高，这样才能为满足这个需求所付出的努力提供合理的回报。换言之，创业机会必须能在市场上经受考验、能有持续的利益潜能、有合理的市场定位，并有自身的价值脉络与竞争前景。

2.创业机会的基本特征

有的创业者认为自己有很好的想法，对创业充满信心。好的想法固然重要，但并不是每个大胆新异的想法都能转化为创业机会。许多创业者就是因为仅仅凭想法去创业而失败了，因此，了解创业机会的基本特征有助于创业者正确评估创业机会。

（1）普遍性

凡是有市场、有经营的地方，客观上就存在创业机会，因此，创业机会具有普遍性，存在于各种经营活动之中。

（2）偶然性

对于一个企业来说，创业机会的发现和捕捉带有很大的随机性，任何创业机会的产生都有意外因素，所以，创业机会具有偶然性。

（3）消逝性

创业机会存在于一定的时空范围之内。如果产生创业机会的客观条件发生变化，创业机会也会相应地消逝，所以创业机会具有消逝性。

3.创业机会的来源

在创业过程中，创新是展现创业者精神的特定工具，它赋予资源一种新的能力，使之成为创造财富的活动。现代管理学之父彼得·德鲁克（Peter Ferdinand Drucker）指出，能使现有资源的财富生产潜力发生改变的任何事物都足以构成创新。他认为创新机会有七个来源，前四个创新机会来源于企业内部：一是出乎意料的情况，包括意外成功、意外失败、意外的外部事件；二是不一致，即实际状况与预期状况不一致或者与原本的状况不一致;三是以程序需要为基础的创新;四是产业结构和市场结构的改变。另外三个创新机会来自企业或产业化以外的变化:一是人口的变化;二是认知、情绪和意义的改变;三是科学及非科学的新知识。这几个来源按照可测性和可预知性的递减顺序排列。杰弗里·蒂蒙斯认为创业机会主要是来自改变、混乱或是不连续的状况,主要有以下七个来源:一是法规的改变;二是技术的快速变革;三是价值链重组;四是技术创新;五是现有管理者或投资者管理不善;六是战略性企业家;七是市场领导者短时忽视下一波顾客需要。

上述观点从不同角度提出创业机会的来源,它们都有一定的合理性,值得我们借鉴。经过认真的研究和分析,我们认为创业机会无处不在、无时不在,主要来自以下五个方面。

(1) 问题

创业的根本目的是满足顾客的需求,而顾客需求在没有满足时就是我们这里所说的问题。寻找创业机会的一个重要途径就是发现和体会自己和他人在需求方面的问题或生活中的难处。例如,上海有一位大学毕业生发现远在郊区的本校师生往返市区的交通十分不便,便创办了一家客运公司,这就是典型的把问题转化为创业机会的做法。

(2) 变化

创业的机会大多产生于不断变化的市场环境,环境变化了,市场需求和市场结构必然发生变化。彼得·德鲁克将创业者定义为能寻找变化并积极反应,把它当作机会充分利用起来的人。这种变化主要来自产业结构的变动、消费结构的升级、城市化加速、人口思想观念的变化、政府政策的变化、人口结构的变化、居民收入水平提高、全球化趋势等。

(3) 创造发明

创造发明提供了新产品、新服务,更好地满足了顾客需求,同时也带来了创业机会。例如,随着计算机的诞生,计算机维修、软件开发、计算机操作培训、图文制作、信息服务、电子商务等创业机会随之而来,创业者即使不发明新的东西,也可以通过销售和推广新产品,带来商机。

(4) 竞争

如果创业者能弥补竞争对手的缺陷和不足,也将成为创业机会。创业者可以放眼同行业的公司,反问自己是否能比他们更快、更可靠、更便宜地提供产品和服务,如果答案是肯定的,就找到了创业机会。

（5）新知识、新技术的产生

在知识经济时代，用科技、知识创业是新的企业模式，也是一种必然趋势。例如，随着健康知识的普及和技术的进步，"水"这一资源带来了许多创业机会，上海就有不少创业者因加盟净水行业而走上了创业之路。

总之，创业者应该在日常生活中有意识地加强实践，培养和提高发现创业机会的能力。一是养成良好的市场调研习惯，了解市场供求状况以及变化的趋势，调查顾客的需求是否得到满足以及竞争对手的长处与不足等。二是多看、多听、多想。人们常说"见多识广，识多路广"，每个人的知识、经验、思维以及对市场的了解都不可能面面俱到。多看、多听、多想能使人们广泛地获取信息，及时从别人的知识、经验、想法中汲取有益的东西，从而提高发现机会的可能性。三是培养独特的思维。机会往往是被少数人抓住的，创业者要克服从众心理和习惯性思维的束缚，敢于相信自己，有独立见解，不人云亦云，这样才能发现和抓住被别人忽视的机会。

五、创业机会的识别与评估

所有的创业行为都来自绝佳的创业机会，创业团队与投资者均对创业前景寄予极高的期望，创业者更是对创业机会在未来所能带来的丰厚利润满怀信心，但最终，许多创业梦想都落空或夭折了。

创业确实有很多不可控制的机遇因素，但显然有许多不合理的创业机会开始就已经注定了失败的命运。当然，创业本身是一种高风险行为，有时候失败也是为了奠定下一次创业成功的基础。但对于那些先天"体质不良"、市场进入时机不对，或者具有致命瑕疵的创业构想，如果创业者能预先以比较客观的方式进行评估，创业成功的概率也可以因此而得到大幅度提升。

1.识别创业机会

如何识别创业机会是创业者首先要解决的问题。好的创业机会，必然具有特定的市场定位，它专注于满足顾客需求，同时能为顾客带来增值的效益。创业需要机会，而机会要靠发现，要想寻找到适合的创业机会，创业者应从以下几个方面进行识别。

（1）现有市场机会和潜在市场机会

现有市场机会是市场中那些明显未被满足的市场需求。这种市场需求往往发现者多，进入者也多，竞争非常激烈。潜在市场机会是那些隐藏在现有需求背后的、未被满足的市场需求。这种市场需求不易被发现，识别难度大，往往蕴藏着极大的商机。

(2) 行业市场机会与边缘市场机会

行业市场机会是指存在于某个行业的市场机会，人们发现和识别它的难度系数较小，但竞争激烈，成功概率低。边缘市场机会是在不同行业之间的交叉结合部分出现的市场机会，它处于行业与行业之间的夹缝或真空地带。

(3) 目前市场机会和未来市场机会

目前市场机会是那些在目前环境变化中出现的机会，未来市场机会是通过市场研究和预测分析将在未来某一时期内出现的市场机会。若创业者提前预测到某种机会会出现，就可以在这种市场机会到来前做好准备，从而获得领先优势。

(4) 全面市场机会与局部市场机会

全面市场机会是指在大范围市场出现的、未被满足的需求，在大市场中寻找和发掘局部或细分市场机会，见缝插针、拾遗补阙，创业者可以集中优势资源投入目标市场，这有利于增强主动性，减少盲目性，提高成功的可能性。局部市场机会则是在局部范围内或细分市场出现的未被满足的需求。

2.评估创业机会

创业机会是通过把资源创造性地结合起来，迎合市场需求（或兴趣、愿望）并传递价值的可能性。目前，创业机会没有绝对的评估标准。创业机会从最初的市场需求和未利用资源的形态发展成为新企业的盈利点，不仅涉及机会本身的情况，还要求机会与创建新企业的其他力量（创业团队、投资人等）相协调。对于如何对创业机会进行合理的评估、选择，下面介绍两种方法供读者参考。

(1) 定性评估方法

定性评估创业机会的流程包括以下五个步骤。

① 判断新产品或新服务对于购买者的价值，判断新产品或新服务使用的潜在障碍，思考如何克服这些障碍，根据对产品和市场认可度的分析，得出新产品的潜在需求、早期使用者的行为特征以及产品创造收益的预期时间。

② 分析产品在目标市场投放的技术风险、财务风险和竞争风险，进行机会分析。

③ 确定在产品的制造过程中，能否保证足够的生产批量和可以接受的产品质量。

④ 估算新产品项目的原始投资额，思考使用何种渠道融资。

⑤ 在更大范围内考虑风险的程度，以及如何控制和管理这些风险要素。

创业者可以借助表1-3进一步了解衡量创业机会的因素及表现。

表1-3　衡量创业机会的因素

衡量因素	具体表现
市场需求	是否可以得到顾客 收回成本时间 市场份额与成长潜力
市场结构和规模	市场是新兴市场还是不完全市场 市场潜力如何 是否存在所有权方面的进入壁垒
利润分析	供给源的成本 竞争是否对低成本有要求 多久能达到盈亏平衡 公司的整体价格/收益比的增值部分是否增加

（2）定量评估方法

定量评估方法主要是进行商业分析中的经济效益分析，其任务是在初步拟定营销规划的基础上，从财务上进一步判断所选创业机会是否符合创业目标，一般是通过量本利分析法进行。具体方法包括以下几个方面。

① 市场需求量的预测。通过对市场需求量进行预测，可以了解该机会所面临的市场状况及市场潜力，这也是进行经济效益分析的基础。市场需求量的预测可以运用一定的数学方法来进行，主要有趋势预测法、因果预测分析法、市场调查分析法、判断分析法等。

② 成本分析。它主要研究利用该机会所需付出的代价。成本分析应从投资成本、生产成本、营销成本三个方面进行分析，可采用专门的成本预测方法，如直线回归法、趋势预测法等。

③ 利润分析。它在市场需求量预测、成本分析的基础上，进行利润测算。一般采用损益平衡模型、现金流量模型、简单市场营销组合模型、投资收益率等方法进行分析。

标准打分矩阵通过选择对创业机会成功实践有重要影响的因素，对每一个因素进行极好（3分）、好（2分）、一般（1分）三个等级的打分，最后得出每个因素在各个创业机会下的加权平均分，从而对不同的创业机会进行比较。

表1-4列出了其中10项主要的评价因素，创业者在实际使用时可以根据具体情况选择其中的全部或者部分因素来进行评估。

表1-4 标准打分矩阵

标准	专家评分			
	极好（3分）	好（2分）	一般（1分）	加权平均分
易操作性	8	2	0	2.8
质量和易维护性	6	2	2	2.4
市场接受度	7	2	1	2.6
增加资本的能力	5	1	4	2.1
专利权状况	9	1	0	2.9
市场的大小	8	1	1	2.7
制造的简单性	7	2	1	2.6
广告潜力	6	2	2	2.4
成长潜力	9	1	0	2.9
投资回报	6	3	1	2.5

3.把握创业机会

（1）发现与创造需求

这里的发现需求不难理解，但是何为创造需求呢？创造需求即在好质量的基础上，增加人们的其他需求。我们必须明白，发现与创造永远是创业成功的关键因素。没有发现与创造，就难以得到消费者的认可。连在饮料界宣称"没有生命周期"的可口可乐也在不断地改变产品的包装，调整宣传角度，虽然这只是表面的改变，但也是在不断地创造需求。

创造需求的公司往往能够发现并解决人们遇到的"麻烦"，从中发现潜在需求，进而推出"杀手应用式"产品。而所有这一切，只有在一个充满竞争的自由市场环境下才能实现——开放的市场，往往意味着国际化的竞争。如果说在科学技术的某些领域，可以通过政府的干预实现突破，推出新的产品，甚至可能通过垄断与补贴在短时间内带来一些需求，那么真正创造需求的公司，一定是在开放市场中进步，在自由竞争中创新，并成长为伟大的公司。

需求创新原则认为，需求并非一成不变的，其可以通过经营者的努力被扩展和创造。创造需求的决策者要有广阔的视野，通过精确的市场调研，挖掘和发现隐藏在消费者内心深处的潜在需求，进而有针对性地开展需求攻势，引导消费者把潜在的需求转变成现实的需求。

(2) 从意料之外捕捉创新商机

市场的广阔性和人们需求的多层次性，给创业者提供了很多机会。随着社会的发展、时代的进步，人们的需求也逐渐向高层次发展。过去在人们的生活由温饱奔向小康的发展过程中，一批又一批的创业者赶在潮头，成功创业。一些人将创业点子的产生归结于机缘巧合，也就是所谓的"无心插柳柳成荫"。不过，研究创意的专家认为，创意只是冰山一角，没有平日的用心耕耘，也不会如此机缘巧合。比如，无数人看到过苹果落地，但只有牛顿能产生地心引力的联想。所谓的机缘巧合或第六感的直觉，主要还是因为创业者平日培养出了侦测环境变化的敏锐观察力，这让他们能够先知先觉地形成创意构想。

(3) 在实际与预期的结果不一致中寻找机遇

不管做什么事情，人们在具体实施之前，一般都会制订计划。创业更是如此。从准备创业到进行创业有一套周密的准备过程。但计划永远赶不上变化，再精密的计划在市场这块试金石面前都会有不足之处。当创业的实际状况与预期的结果不一致或出现冲突时，如何拨云见日，从失败的阴影中走出来，是对创业者最大的考验。成功的创业者，在实际与预期结果出现重大不一致时仍坚持自己的信念，百折不挠，从而找到创新之路；也有不少创业者在调整自我中发现商机，从而获得成功。

(4) 从艰难的创业过程中寻求成功的可能

创业是一个极其艰辛的过程。在创业的过程中，任何创业者都会遇到各种各样甚至是难以承受的压力，但要想创业成功，他们就必须承担这些压力。一个人能够顶住各种各样的压力，才可以选择创业。创业还必须适应变化，创业过程中什么事情都可能发生，事情发生的时候，必须冷静地提出相应的解决方案，不要让自己处于被动的地位。创业者往往会经历最黑暗的时刻，而且可能出现各种各样的问题，只有不断地解决创业过程中的种种矛盾和问题才会一步步走向成功。

(5) 从行业市场结构变化中寻求成功的可能

行业市场结构指的是某一市场中各种要素之间的内在联系及其特征，包括市场供给者之间、需求者之间、供给者和需求者之间以及市场上现有的供给者和需求者与正在进入该市场的供给者和需求者之间的关系。首先，第三产业的崛起为创业拓宽了途径。一方面，第三产业的发展为中小企业提供了非常多的成长机会，现代社会人们在信息情报、咨询、文化教育、金融、服务、修理、运输、娱乐等方面产生了更多、更高的需求，从而使社会经济活动中的第三产业日益发展。由于第三产业一般不需要大规模的设备投资，它为中小企业的经营和发展提供了广阔的空间。另一方面，社会需求易变性、高级化、多样化和个性化的特点，使产品向优质化、多品种、小批量、更新快等方面发展，这也有力地刺激了中小企业的发展。其次，产业结构的调整与国企改革为创业提供了新契机。随着国企改革的推进，中小企业除了涉足制造业、商贸餐饮服务业、房地产等传统业务领域外，还将逐步介入中介服务、生物医药、大型制造等有更多创业机会的领域。社会的发展必然会导致一些行业的重构以及供求关系的变化，创业者在关注社会、关注他人的过程中，应敏锐地抓住机会，从而成就创业的梦想。

（6）从解决困境出发寻求成功的可能

对于创业者而言，困境是生活中的常态。对于任何人来说，困境都无处不在、无时不有，而成功的创业者会在困境中突破自己、发现机会，对于他们而言，困境是机遇，障碍是新的已知条件，他们会将障碍变成超越自我的契机。创业者在困境中，要注重培养自己乐观的心态以及持之以恒的毅力，这样在突破困境的同时也许会找到创业的契机或者企业发展壮大的新路径，最终体会到"柳暗花明又一村"的喜悦。

（7）从观念和认识的变化中捕捉创新机会

党的十九大报告提出，到2035年，我国基本实现社会主义现代化。现代化是综合性的社会变迁过程。它不仅表现为经济体制的转轨、社会结构的转型、文化模式的转换，还表现为社会心理的嬗变。社会心理作为对于社会生活的认识、情感和意向的一种反映，是社会变迁的"风向标"，是时代精神的"晴雨表"。社会心理的变化必然带来新的观念和认识的变化，继而促使人们的生活模式发生变化。

（8）从新知识中捕捉创新机会

21世纪是知识经济蓬勃发展的时代。知识经济时代以知识运营为经济增长方式，以知识产业为龙头产业，以知识经济为新的经济形态。与依靠物质和资本等生产要素投入的经济增长相区别，现代经济的增长越来越依赖知识含量的增长。知识在现代社会价值的创造中发挥的功效已远远高于人、财、物这些传统的生产要素，成为所有创造价值要素中最基本的要素。在这种时代背景下，涌现了一批以知识为创新机遇的创业新人类。他们具有一些共同的特征：他们是引领时代的新行业缔造者，创造了新的商业模式和价值标准；他们是新时代财富的主流，带来新的领导风格和行为理念；他们是创业领域中的新贵，往往有高学历和傲人的行业背景；他们领导的企业具有较强的成长性和稳定性；他们是新时代的榜样和财富榜领军人物；他们开发和运用的高新技术成为推动人类社会快速发展的重要力量。

第三节 认识"创业之星"

"创业之星"是杭州贝腾科技有限公司研发的一款软件,是在"互联网+"创业大环境背景下推出的一套全面创业模拟实践的解决方案。"创业之星"运用先进的计算机软件与网络技术,结合严密和精心设计的商业模拟管理模型及企业决策博弈理论,全面模拟真实企业的创业运营管理过程。学生在虚拟的商业社会中完成企业注册、创建、运营、管理等所有决策。通过这种实训操作,学生可以有效地将所学知识转化为实际动手的能力,提升综合素质,增强就业与创业能力。

"创业之星"的目标是为所有学生而不仅仅是部分学生提供一个创业实践的训练平台,使创业教育真正落地。通过"创业之星"领先的商业模拟引擎,让学生在虚拟创业空间里,全面体验创业的过程,尽情释放才智,挥洒创业激情,放飞创业梦想。在这里,创业不再是停留在书面上的理论知识,而是真实的体验与实践。

一、"创业之星"主要功能

"创业之星"涵盖了创业从计划、准备到实施的全过程。"创业之星"主要包括三大功能模块:创业计划、创业准备和创业管理(见图1-2)。

图1-2 "创业之星"三大功能模块

1. 模块一:创业计划

这一模块的主要任务是根据"创业之星"整个训练系统平台的商业背景环境与数据规则,完成创业计划书的撰写。创业者要对背景环境进行商业机会分析,组建经营团队,制订资金筹措计划,拟定公司名称,制定公司章程,并撰写一份完整的创业计划书。

创业公司的经营团队首先要对市场商业机会进行研究，并分析市场竞争形势，从而制订出合理的创业计划书。创业计划书的内容主要包括摘要、公司简介、市场分析、竞争分析、产品服务、市场营销、财务计划、风险分析、内部管理等方面（见图1-3）。

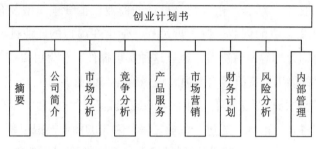

图1-3 创业计划书的内容

2.模块二：创业准备

当创业者有了想法，并已经做好了资金、人员、技术、场地、设备、公司名称等方面的各项准备工作后，就进入了初创阶段。参加训练的学生需要独立完成公司注册审批流程的所有工作。

公司注册流程主要包括的工作如图1-4所示。

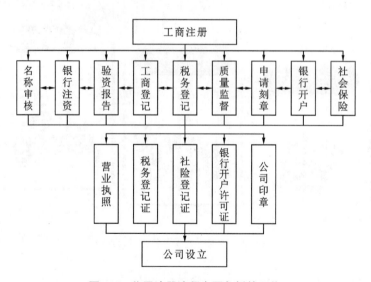

图1-4 公司注册流程主要包括的工作

3.模块三：创业管理

企业的生存发展如同一个生命的有机体一样，也会经历"初创—成长—发展—成熟—衰退"等阶段，即企业发展的生命周期。"创业之星"在创业管理模块环节就是让学生于实战中模拟公司的运营管理，围绕公司发展的生命周期，制定各项决策，并最终推动公司成长壮大。公司创业管理流程如图1-5所示。

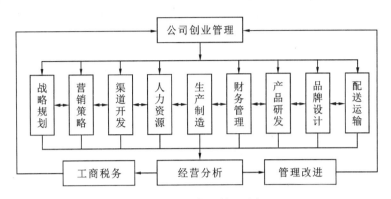

图1-5　公司创业管理流程

创业管理是本系统的核心部分，是训练和提升学生创业能力的关键环节，也是检验创业计划可行性的实践环节。通过对真实企业的仿真模拟，所有参加训练的学生分成若干小组，组建若干虚拟公司，在同一市场环境下相互竞争与发展。每个小组的成员分别担任虚拟公司的总经理、财务经理、营销经理、生产经理、研发经理、人力资源经理等岗位，并承担相关的管理工作，通过对市场环境与背景资料的分析讨论，完成企业运营过程中的各项决策，包括战略规划、品牌设计、营销策略、市场开发、产品计划、生产规划、融资策略、成本分析等。通过团队成员的努力，使公司实现既定的战略目标，并在市场竞争中脱颖而出。

在"创业之星"中，每个小组都需要独立做出众多的经营决策，使创业公司能够逐步成长壮大。这些经营决策涉及公司发展的各个方面。同时，团队合作、沟通技巧、执行力等也是整个决策过程中至关重要的环节。综合考虑各种因素的影响，充分发挥团队的作用，是制定有效决策和最终取胜的关键。

二、"创业之星"技术架构

1. 管理模拟方法的应用

管理模拟方法是通过模拟企业运营管理的各个方面来真实体验企业运营管理的学习方法，它不仅继承了传统管理教育与培训方法的优点，而且对管理教育思想有一定的创新。传统管理教育与培训方法以案例为核心，而管理模拟方法则强调主动的、情景交互的、动态的学习过程。管理模拟方法可以适应当前教育与培训所面对的挑战，提高管理专业学生和企业管理人员"以变应变"的能力，为学习管理知识技能提供更动态的更深刻的学习环境。

用管理模拟方法来学习，其基础是对管理问题进行模拟。模拟在这里是一个较为宽泛的概念，而不单纯指计算机模拟。对模拟进行定义的基本要素是模型，模型是对现实世界规律的描述。模型的建立可以有多种方式，包括语言文字模型、图表模型、物理模型以及数学模型等。管理模拟方法中观察到的管理系统的行为，反映了现实中的管理系统及其状态不断变化的过程。管理模拟方法在管理培训中具有很多作用，主要体现为以下几点：一是能够促使学习者积极主动参与学习；二是为学习者提供交互式的学习环境；三是使学习者更为深刻地理解经济学、管理学的动态规律；四是使学习者运用所学知识解决实际管理问题；五是以较少的投资取得尽可能大的教学效果。

2.几种常见的管理模拟方法

管理模拟方法在管理培训中经常使用，这些方法的基本原理是对管理或经济问题的模型进行模拟，使学习者利用模拟环境学习管理或经济的问题。

常见的管理模拟方法包括以下几种。

(1) 角色扮演

角色扮演是管理模拟的基本方法，它在管理培训中已经被使用了四十多年。角色扮演前，先要构造出一个特定情景，学习者要将自己假设为该情景中的一个角色，并扮演和发展这个角色的行为。角色扮演是主动学习方法，通过让学习者扮演某一特定情景下的角色，营造出使学习者主动参与的学习环境。由于角色之间存在相互作用，这种学习方式能促使学习者在特定情景的模拟中主动地投入学习活动，有助于学习者理解在解决或评价管理问题时所遇到的各种人际关系。

要深入学习和掌握管理的职能，就要充分认识管理者的特点，特别是管理者的决策、认知、沟通等技能，而这正是角色扮演的最大优势。角色扮演适用于学习和探索组织里的人际心理因素，通过角色扮演可以达到三种目的：一是使初学者获取其职业发展所需要的人际沟通技能与经验；二是探索现代组织中人际关系因素的相互作用；三是探索企业或组织机构制定决策的过程及规律。因此，角色扮演常常应用于商业沟通、企业伦理、战略管理、多方谈判、环境问题管理、跨文化沟通、组织决策等。

教学中要采用角色扮演方法，首先要设计出特定的情景和角色，设计的素材可以来源于管理学案例。情景应是较丰富的，在情景发展中需要有冲突性，情景发展要允许学习者辨析和解决管理问题。角色形象必须明确且令人感兴趣，学习者能很容易地理解、接受并进入这些角色。

角色扮演含有即兴的成分，没有统一答案，参与者的反应可能与学习主题并不相符，因而为了达到最佳教学效果，指导教师有责任确保所有参与者事先对角色扮演有较深入的理解。成功地进行角色扮演取决于两方面的因素：一是学习者主动参与的积极性；二是指导教师的指导与控制能力，指导教师需要引导学生讨论到情景设计中的所有问题。由此可见，指导教师的作用非常关键，他必须采取措施控制角色扮演的进行。基本的措施包括在角色扮演开始前做充分的介绍和引导，以及在角色扮演过程中，用言语鼓励学习者打消顾虑，全身心投入角色。指导教师需要以简短的言语控制角色扮演的进行，使被讨论的问题自然过渡，同时指导教师要帮助实现角色扮演中各种观点、角色、力量的均衡，促使情景发展充分展开其冲突性。

（2）计算机模拟

管理与社会经济领域常见的计算机模拟是离散事件系统仿真和系统动力学仿真。离散事件系统仿真的研究对象是状态离散变化且带有随机性的系统，以排队系统和库存系统为最典型的对象。这种方法产生于工程技术领域，它解决的主要是离散事件系统的性能分析和系统的优化设计两方面的问题。离散事件系统是指系统中的变量状态是离散化的，即它们的变化是在一些离散的时刻发生的，而系统在这些时刻的变化是由事件的发生而引起的。离散事件系统的另外一个特征是随机性，在这类系统中，事件的产生时间及事件所引起的影响等都具有随机性。由于系统的离散性与随机性，采用现有的工具对该类系统的数学描述及数学求解就显得非常困难，而计算机模拟就成了这类系统分析、求解的主要手段。

系统动力学仿真是一种连续系统仿真方法，主要用来仿真非线性的有多重反馈系统的动态过程。系统动力学的研究对象是复杂的、非线性的、具有多重反馈的连续系统。它在发展早期主要用于研究工业企业的经营管理问题，例如企业库存和订货之间的关系，随后又用于研究城市发展、人口变迁以及环境污染等问题。系统动力学建模的一个重要步骤是系统的因果关系分析，即确定系统中各个变量之间的因果关系，并用因果关系图表示。因果关系具有正与负，分别表示原因变化对结果产生正向或负向的影响，然后在此基础上建立系统动力学模型。

计算机模拟使用抽象的模型表示现实中管理系统的变化特征，管理系统各功能实体及其相互作用被描述为符号和数学模型。将计算机模拟应用于管理培训可以使学习者认识管理系统的系统特性，因此对于库存系统、排队系统等管理系统的教学来说，计算机模拟是非常恰当的教学方式。

（3）企业博弈

美国管理协会在1956年开发了第一套企业管理博弈系统，从1985年开始，企业博弈主要通过计算机软件模拟企业的高层管理决策。企业博弈往往是战略层次的，竞赛者的目的是企业利润最大化。企业战略博弈的竞赛者分别控制产业内的一个虚拟企业，根据模拟的财务、生产及市场信息，做出市场、研发等战略决策，该决策的效果和质量通过战略博弈模拟得以显现。企业博弈是主动学习方式，与角色扮演不同，企业博弈中博弈者的关系可能为竞争、合作、矛盾或者冲突。但是，竞赛队的成员在制定决策中起着不同作用，因而在决策制定中包含角色扮演的因素。为使教学效果最大化，指导教师同样需要明确学习的主题。

企业博弈应当具备以下一些主要设计特性。第一，针对企业竞争战略决策的主要问题，采用相应的经济学模型。竞争战略决策的主要问题包括市场需求分析、市场进入、产量与定价策略、广告策略、销售与库存等。为使管理教学最大限度地提高学习者的战略决策能力，这些问题的经济学模型应当接近现实。第二，可以先用少量变量进行简单决策，再逐渐增加变量数量进行更为复杂的决策。在教学中逐渐增加决策变量，可以避免初学者面对众多决策变量所产生的困惑，使初学者集中精力考虑各个决策变量的用途，并通过逐渐增加变量，探索各个变量对竞争战略决策的影响。第三，以考察财务数据为主。在战略决策中，需要考虑的方面非常多，但由于企业的目标是获取最大利润，考察决策对财务数据的影响在战略决策中就至关重要。准确、完善的财务数据，可以使竞赛者的决策方式与在现实中决策的方式相近，这也有助于研究制定竞争决策的博弈学习过程。第四，完成博弈所需时间不宜过长。

设计企业博弈应当以博弈论和产业组织理论为核心，努力为学习者创造一个学习竞争博弈的动态环境。目前，多数企业博弈的不足之处在于，在竞赛队制定决策时，博弈时钟是静止的，时间只在各局结束时发生跳跃前进，决策者只有到各局结束时，才能看到竞赛者的决策及其相互作用，即决策制定是依据上一局的情况，而非依据当前情况。如果企业博弈具有连续时钟，则博弈的动态性更强，这应当是企业战略决策培训的一个发展方向。

（4）训练模拟

从管理培训的角度看，训练模拟与计算机模拟的思路是不同的。训练模拟可以认为是一个专门的装置，具有高度接近现实的模拟环境，特别适合培养或训练学习者的某种技能。训练模拟的目的是使学习者在模拟环境中培养特定的技能，例如会计模拟实训教学软件用于对学习者会计操作技能的训练，企业模拟或工厂模拟用于培训学习者对企业生产、供应等方面工作的能力。

训练模拟往往表现为计算机软件，这类软件一般都有明确的培训目的。训练模拟中使用了大量的模拟技术，例如在基于因特网的工厂模拟器中，使用了基于Java语言的因特网模拟、虚拟工厂模拟等先进的模拟技术。

模拟企业与现实中的企业有很多相似之处，模拟企业的基础数据可以来源于真实企业的数据，模拟的对象既有实物对象（如材料、设备等），又有概念对象（如工艺过程，生产计划等）。模拟企业中有各种角色，学习者通过控制模拟的角色掌握相应的制订战略计划、组织生产调度和财务管理的能力。

训练模拟是一种有效的技能培训工具，为学习者提供某种技能的训练或者某种任务的训练。有的训练模拟有显示视觉、听觉及运动的特点，这是为了与现实更接近。采用包含视频、音频等内容的多媒体技术，成为训练模拟的重要发展方向。

三、管理模拟方法的综合应用

在实际的管理知识技能学习中，以上介绍的管理模拟方法往往综合运用、相互渗透。由于管理培训的特点，管理学习要求指导教师必须针对具体情况采取互动式的教学方法，包括案例讨论、角色扮演、商业游戏、提问与回应、脑力激荡、现场参观、多媒体等。

在实际教学中，由于多个学习者的主动参与，企业博弈、计算机模拟和训练模拟必然包含角色扮演的因素，会受到各种人际心理因素的影响。

以企业战略管理模拟培训为例，其教学目的在于培养学习者在动态竞争的环境中制定企业战略的能力，它涉及竞争战略、财务与会计、生产、决策等多方面的具体内容。首先，企业战略管理模拟应用了大量计算机模拟方法，这形成了开展管理模拟教学的基石。其次，运行企业战略管理模拟，实际上是模拟企业间的博弈过程，运用了企业博弈方法，学习者可以体验到如何制定竞争战略，认识到竞争企业间所存在的非合作竞争、合作竞争以及共谋等各种关系。最后，角色扮演能够有效发挥企业战略管理模拟的潜在教学效果，这些角色可以来自多方面，如董事会成员、经理人员、研发技术人员，甚至还可以来自消费者、政府人员、社会组织等，学习者可以从中体验到制定决策所遇到的各种微妙的人际关系。

由此可见，要想提升管理培训的效果，指导教师综合应用各种教学手段是非常重要的。指导教师可以在传统案例教学的基础上，融合各种管理模拟方法，为学习者提供情景交融的动态学习环境，使管理培训效果达到最佳。

本章小结

（1）创业是指创业者运用知识或经验，以创新精神寻找和抓住商业机会，承担风险，进行资源整合，实现社会价值和自我价值的管理活动过程。

（2）依据创业的不同动机，可以将创业分为机会型创业和生存型创业；根据创业形式的不同，可以将创业活动分为复制型创业、模仿型创业、安定型创业与风险型创业；根据创业主体的不同，可以将创业分为个体创业与公司创业。

（3）商业机会、创业团队和资源这三要素组成了创业的内核。

（4）创业动机可以划分为生存需求满足型、自尊需求满足型和自我实现满足型。

（5）创业机会的基本特征：普遍性；偶然性；消逝性。

（6）评估创业机会有定性评估方法和定量评估方法两种。

（7）"创业之星"常见的管理模拟方法有角色扮演、计算机模拟、企业博弈和训练模拟。

拓展阅读

第二章

创业的实施准备

创业是一项极具挑战性的社会活动,是对创业者自身素质和能力的全方位考验。一个创业团队只有处在角色平衡、人数适当的状态时,才能充分发挥高效运转的协作优势。本章主要介绍创业团队的定义、构成要素、类型,并结合"创业之星"软件介绍成员角色定位、团队的构建与管理、创业资源整合的策略。

第一节 创业者与创业团队

一、创业者

1.创业者的定义

"创业者"一词由法籍爱尔兰经济学家理查德·坎蒂隆(Richard Cantillon)于1755年首次引入经济学。1980年,法国经济学家萨伊(Say)首次给出了创业者的定义,他将创业者描述为将经济资源从生产率较低的区域转移到生产率较高的区域的人,并认为创业者是经济活动过程中的代理人。

香港创业学院院长张世平对创业者的最新定义为:创业者是指某个人发现某种信息、资源、机会或掌握某种技术,利用或借用相应的平台或载体,将其发现的信息、资源、机会或掌握的技术,以一定的方式转化、创造成更多的财富、价值,并实现某种追求或目标的过程的人。创业者是一种主导劳动方式的领导人,是一种无中生有的创业现象,是一种需要具有使命、荣誉、责任能力的人,是一种组织与运用服务、技术、器物作业的人,是一种具有思考、推理、判断能力的人,是一种能使人追随并在追随的过程中获得利益的人,是一种具有完全权利能力和行为能力的人。

本书认为，创业者是发现和利用机会，通过一定的组织形式创造新价值并承担风险的人。这一含义可从以下几个方面来理解。

第一，创业者应该善于发现商机，发掘自身的能力和资源，充分利用市场机会启动创业，并谋求发展空间。

第二，创业者应该组建团队，通过团队的力量开展创业。

第三，创业者是将劳动、资本、土地这三项生产要素结合起来生产第四项要素的人，是把经济资源从生产率较低、产量较小的领域转移到生产率较高、产量较大领域的人。

2.创业者的类型

创业者可以分为生存型创业者、变现型创业者和主动型创业者。

（1）生存型创业者

生存型创业者大多为下岗工人、失去土地或因某种原因不愿留守在乡村的农民，以及刚刚毕业找不到工作的大学生。这是中国数量最大的一拨创业的人群。

（2）变现型创业者

变现型创业者是指过去在党、政、军、行政、事业单位掌握一定权力，或者在国企、民营企业任职期间积累了大量资源的人，在机会适当的时候，自己出来开公司办企业，实际是将过去的权力和市场关系变现，将无形资源变现为有形的货币。

（3）主动型创业者

主动型创业者又可以分成两种，一种是盲动型创业者，另一种是冷静型创业者。前一种创业者大多极为自信，做事冲动，这样的创业者很容易失败，但是一旦成功，往往可成就一番大事业。冷静型创业者是创业者中的精华，其特点是谋定而后动，不打无准备之仗，或是掌握资源，或是拥有技术，一旦行动，成功概率通常很大。

二、创业团队

创业团队的定义建立在团队概念的基础上。所谓团队，是指一些才能互补、团结合作并为负有共同责任的同一目标和标准而奉献的群体。团队不仅强调个人的工作成果，更强调团队的整体业绩。团队不仅集体讨论和决策结果，而且强调信息共享和强化,通过成员的共同努力,得到实实在在的集体成果,并且这个集体成果超过成员个人业绩的总和,即团队大于各部分之和。

创业团队是指在创业初期(包括企业成立前和成立初期),由一些才能互补、责任共担的人所组成的特殊群体。团队成员有共同的价值观,愿为共同的创业目标而努力。

一般来说,创业团队构成的要素包括目标、定位、职权、计划和人员。各要素之间相互影响、相互作用,缺一不可。

创业团队的组建是一个相当复杂的过程,不同类型的创业项目所需的团队不一样,创建步骤也不完全相同。概括来讲,大致的创业团队组建程序如图2-1所示。

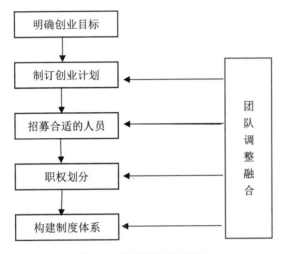

图2-1 创业团队组建程序

1.明确创业目标

创业团队的总目标就是通过完成创业阶段的技术、市场、规划、组织、管理等各项工作实现企业从无到有、从起步到成熟。总目标确定之后,为了推动团队最终实现创业目标,要将总目标加以分解,设定若干个可行的阶段性的子目标。

2.制订创业计划

确定了总目标以及一个个阶段性的子目标之后,就要研究如何实现这些目标,这就需要制订周密的创业计划。创业计划是在对创业目标进行具体分解的基础上,以团队为整体来考虑的计划。创业计划确定了在不同的创业阶段需要完成的阶段性任务,通过逐步实现这些阶段性目标来最终实现创业目标。

3.招募合适的人员

招募合适的人员也是组建创业团队的关键一步。关于创业团队成员的招募，主要考虑两个方面。一是互补性，即其能否与其他成员在能力或技术上形成互补。这种互补性的形成既有助于强化团队成员间彼此的合作，又能保证整个团队的战斗力，更好地发挥团队的作用。一般而言，创业团队至少需要管理、技术和营销三个方面的人才。只有这三个方面的人才形成良好的沟通协作关系，创业团队才可能实现稳定高效发展。二是规模适度，适度的团队规模是保证团队高效运转的重要条件。团队成员太少则无法实现团队的功能和优势，而团队成员过多又可能产生交流的障碍，团队容易分裂成许多较小的团体，从而大大削弱团队的凝聚力。一般认为，创业团队的规模控制在2～12人最佳。

4.职权划分

要保证团队成员执行创业计划、顺利开展各项工作，必须预先在团队内部进行职权划分。创业团队的职权划分就是根据执行创业计划的需要，具体确定每个团队成员所要担负的职责以及所享有的相应权限。团队成员间职权的划分必须明确，既要避免职权的重叠和交叉，也要避免因无人承担造成工作上的疏漏。此外，由于还处于创业过程中，面临的创业环境是动态复杂的，团队会不断出现新的问题，团队成员可能不断更换，因此创业团队成员的职权也应根据需要不断地进行调整。

5.构建制度体系

创业团队制度体系体现了创业团队对成员的控制和激励作用，主要包括团队的各种约束制度和激励制度。一方面，创业团队通过各种约束制度（主要包括纪律条例、组织条例、财务条例、保密条例等）避免其成员做出不利于团队发展的行为，保证团队的稳定秩序；另一方面，创业团队要实现高效运作需要有效的激励机制（主要包括利益分配方案、奖惩制度、考核标准、激励措施等），使团队成员看到随着创业目标的实现，其自身利益将会得到怎样的改变，从而达到充分调动成员的积极性、最大限度发挥团队成员作用的目的。要实现有效的激励，首先就必须把成员的收益模式界定清楚，尤其是关于股权、奖惩等与团队成员利益密切相关的内容。需要注意的是，创业团队的制度体系应以规范的书面形式确定下来，以避免后期不必要的麻烦。

6.团队调整融合

完美组合的创业团队并非创业一开始就能建立起来的，很多时候是在企业创立一定时间以后随着企业的发展逐步形成的。随着团队的运作，团队组建时在人员匹配、制度制定、职权划分等方面的不合理之处会逐渐暴露出来，这时就需要对团队进行调整融合。由于问题的暴露需要一个过程，团队调整融合也应是一个动态持续的过程。

第二节 创业商业模式

在全球化浪潮冲击、技术变革加快及商业环境变得更加不确定的时代，企业成败最重要的决定因素，不是技术，而是它的商业模式。

在这种形势下，创新并设计出好的商业模式，成为商业界关注的新焦点。人们认为商业模式创新能带来战略性的竞争优势，是新时期企业应该具备的关键能力，因此商业模式受到越来越多企业管理人的重视。

一、商业模式的定义

商业模式是一个非常宽泛的概念，与商业模式有关的说法很多，包括运营模式、盈利模式、B2B模式、B2C模式、"鼠标加水泥"模式、广告收益模式等，不一而足。

关于商业模式最通俗的定义，就是描述企业如何通过运作来实现其生存与发展的"故事"。在网络热潮时期，硅谷的许多创业者曾通过给投资者讲好的"故事"而获得了巨额融资。

哈佛商学院将商业模式定义为企业盈利所需采用的核心业务决策与平衡。例如，谷歌让普通用户免费使用其搜索引擎，而通过定向广告从企业客户那里获取利益。

根据维基百科的具有权威性的解释，商业模式是一种企业创造营业收入与利润的手段与方法。维基百科将商业模式的组成要素归结为员工与顾客的选择、产品与服务的提供、将产品与服务推到市场、为员工与顾客提供效用、吸引与留住员工与顾客、定义工作内容、响应环境与社会的持续发展、资源配置以及获取利润等。

总之，商业模式是为了实现客户价值最大化，把能使企业运行的内外各要素整合起来，形成高效率的具有独特核心竞争力的运行系统，并通过提供产品和服务，达成持续盈利目标的组织设计的整体解决方案。

二、商业模式的要素

关于商业模式的构成要素，不同的学者有不同的看法。目前大家比较常用的是北京大学汇丰商学院前副院长魏炜提出的六要素说法。这里的六要素包括定位、业务系统、关键资源和能力、盈利模式、自由现金流结构以及企业价值。

1. 定位

一个企业要想在市场中赢得胜利，必须明确自身的定位。企业定位是指企业通过其产品及品牌，基于顾客需求，将独特的个性、文化和良好的形象传递给消费者，并在其心中占据一定位置。定位决定了企业提供什么特征的产品和服务来实现客户的价值，它是企业战略选择的结果，也是商业模式体系中其他有机部分的起点。

定位是在战略层面和执行层面建立更直接更具体的联系，企业的定位直接体现在商业模式所需要实现的顾客价值上，强调的是商业模式构建的目的。企业对于自身的定位直接影响到企业需要构筑何种商业模式。商业模式中的定位更多的是作为整个商业模式的支撑点，因为同样的定位可以有不一样的商业模式，同样的商业模式也可以实现不一样的定位。此外，商业模式中的定位还可以用来帮助人们理解企业的状态，这个状态包括提供什么样的产品和服务、进入什么样的市场、深入行业价值链的哪些环节、选择哪些经营活动、与哪些合作伙伴建立合作关系、利益怎样分配等。

2. 业务系统

业务系统是指企业达成定位所需要的业务环节、各合作伙伴扮演的角色以及利益相关者合作与交易的方式和内容。我们可以从行业价值链、企业内部价值链以及合作伙伴的角色等层面来理解业务系统的构造。业务系统是商业模式的核心。高效运营的业务系统不仅是赢得企业竞争优势的必要条件，而且有可能成为企业的竞争优势。一个高效的业务系统需要根据企业的定位识别相关的活动并将其整合为一个系统，然后再根据企业的资源能力分配利益相关者的角色，确定与企业相关价值链的关系和结构。而围绕企业定位所建立的一个内外部各方利益相关者相互合作的业务系统将形成一个价值网络，该价值网络明确了客户、供应商和其他合作伙伴在影响企业通过商业模式获得价值的过程中所扮演的角色。

3. 关键资源和能力

业务系统决定了企业所要进行的活动，而要完成这些活动，企业需要掌握和使用一整套复杂的有形和无形资产、技术和能力，我们称之为"关键资源和能力"。关键资源和能力是让业务系统运转所需要的重要资源和能力。商业模式构建的重点工作之一就是了解企业所需要的重要资源和能力有哪些，它们是如何分布的以及怎样才能获取和建立这些资源和能力。不是所有的资源和能力都同等珍贵，也不是每一种资源和能力都是企业所需要的，只有和定位、业务系统、盈利模式、现金流的结构相契合，并能互相强化的资源和能力才是企业真正需要的。

4.盈利模式

盈利模式指企业获得收入、分配成本、赚取利润的方式。盈利模式是在给定业务系统中各价值链所有权和价值链结构的前提下，企业利益相关者之间利益分配格局中企业利益的表现。良好的盈利模式不仅能够为企业带来利益，更能为企业编织一张稳定共赢的价值网。各种客户怎样交付、支付多少，所创造的价值应当在企业、客户、供应商、合作伙伴之间如何分配，是企业收入的结构所要回答的问题。

一个企业可以使用多种收益和成本分配机制，而好的盈利模式往往可以产生多种收入来源。传统的盈利模式往往是企业提供什么样的产品和服务，就针对这种产品和服务向客户收费，现代企业的盈利模式则变化极大，经常出现的盈利模式是企业提供的产品和服务不收费（甚至是永远不收费），吸引来的顾客产生的价值则由其他利益相关者支付。例如，客户使用互联网上的搜索引擎不需要支付费用，但被搜索到的产品和服务的提供商却需要支付费用。同样的业务系统的盈利模式也可能不一样，例如，网络游戏就有收费、免费和向玩家付费三种方式。

成本结构是和企业提供的产品和服务、业务系统及其资源和能力分布紧密相关的。传统的盈利模式的成本结构往往和收入结构一一对应，而现代企业的盈利模式中的成本结构和收入结构则不一定完全对应。比如，同样是销售手机，那些通过专卖店、零售终端销售手机的企业，其销售成本结构主要是销售部门的办公与管理费用、销售人员的工资、奖金费用等；这与通过和运营商提供的服务捆绑，直接给用户送手机的制造商的销售成本结构完全不一样。

5.自由现金流结构

自由现金流结构是企业经营过程中产生的现金收入扣除现金投资后的状况，其贴现值反映了采用该商业模式的企业的投资价值。不同的现金流结构反映了企业在定位、业务系统、关键资源和能力以及盈利模式等方面的差异，体现了企业商业模式的不同特征，影响企业成长速度，并决定企业投资价值、投资价值递增速度以及受资本市场青睐的程度。

6. 企业价值

企业价值即企业的投资价值，是企业预期未来可以产生的自由现金流的贴现值。如果说定位是商业模式的起点，那么企业的投资价值就是商业模式的归宿，是评判商业模式优劣的标准。企业的投资价值由其成长空间、成长能力、成长效率和成长速度决定。好的商业模式可以达到事半功倍的效果，即投入产出效率高、效果好，包括投资少、运营成本低、收入的持续成长能力强等。

企业的定位影响企业的成长空间，业务系统、关键资源和能力影响企业的成长能力和效率，它们加上盈利模式，就会影响企业的自由现金流结构，即影响企业的投资规模、运营成本支付和收益持续成长能力和速度，进而影响企业价值以及企业价值实现的效率和速度。企业价值实现的效率可以用企业价值/资产规模、企业价值/净资产规模来评价；企业价值实现的速度可以用企业价值递增速度和达到更大规模层次所花费的时间来评价。

总之，商业模式这六个要素是相互作用、相互决定的。相同的企业定位可以通过不一样的业务系统实现；相同的业务系统也可以有不同的关键资源能力、不同的盈利模式和不同的现金流结构。商业模式的构成要素中只要有一个要素不同，就可能对应有不同的商业模式。创业者只有反复推敲、调整和实践这六个要素，才能产生一个对企业各个利益相关者均有贡献的商业模式。

第三节　创业资源整合

资源是任何一个主体在向社会提供产品或服务的过程中，所拥有或者所支配的能够实现自己目标的各种要素以及要素组合。国内学者林强和林嵩曾对创业资源进行了学术定义。他们认为，创业资源是企业创立以及成长过程中所需要的各种生产要素和支撑条件。国外学者阿尔瓦兹（Alvareza）和布森尼兹（Busenitzb）认为，创业本身也是一种资源的重新整合。简单地说，创业资源是创业者所必备的创业条件。

创业资源可根据不同的标准进行不同的划分。

一、直接资源和间接资源

学者林强、林嵩等人按照资源要素在企业战略规划过程中的参与程度，将创业资源分为直接资源和间接资源。财务资源、经营管理资源、市场资源、人才资源是直接参与企业战略规划的资源要素，可以把它们定义为直接资源；政策资源、信息资源、科技资源这三类资源要素对创业成长的影响更多的是提供便利和支持，而非直接参与创业战略的制定和执行，因此，它们对于创业战略的规划产生一种间接作用，可以把它们定义为间接资源。根据上述分析，可以得到创业资源的概念模型，如图2-2所示。

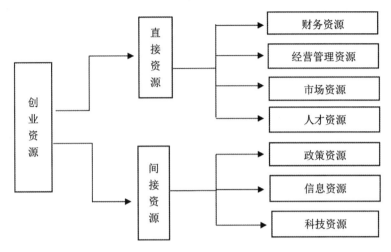

图2-2 创业资源的概念模型

① 财务资源。要考虑是否有足够的启动资金，是否有资金支持创业最初几个月的亏损。

② 经营管理资源。要考虑如何找到客户，如何应对变化，如何确保企业运营所需能够及时足量地得到，如何让创业企业内部有效地按照最初设想运转起来。

③ 市场资源，包括营销网络与客户资源、行业经验资源、人脉关系。要考虑如何进入这个行业，这个行业的特点是什么，盈利模式是什么，是否有起码的商业人脉，市场和客户在哪里，销售的途径有哪些。

④ 人才资源。要考虑是否有合适的专业人才来完成所有的任务。

⑤ 政策资源。要考虑是否有"助推器"或"孵化器"推进创业，了解相应的准入政策、鼓励政策、扶持政策或者优惠等。

⑥ 信息资源。要考虑依靠什么来进行决策，从哪里获得决策所需的信息，从哪里获得有关创业资源的信息。

⑦ 科技资源。要考虑创立的企业如何依靠科技在市场上进行竞争，为社会提供什么样的产品和服务。比如，大学生创业造就了惠普公司、英特尔公司等高科技企业，造就了硅谷神话，为社会创造了巨大的社会财富，依靠的就是核心的科技资源。

二、人力和技术资源、财务资源、生产经营性资源

从巴尼（Barney）等人的分类思路出发，创业时期的资源就其重要性来说有组织资源、人力资源和物质资源的细分。由于企业新创，组织资源无疑是三类中较为

薄弱的部分，而人力资源为创业过程中最为关键的因素，创业者及其团队的洞察力、知识、能力、经验及社会关系影响到整个创业过程的开始与成败；同时，在企业新创时期，专门的知识技能往往掌握在创业者等少数人手中，因而此时的技术资源在事实上和人力资源紧密结合，并且上述两种资源可能成为企业竞争优势的重要来源。在物资资源中，创业时期的资源最初主要为财务资源和少量的厂房、设备等。从而，细分后的创业资源经过重新归纳，如图2-3所示，主要分为以下几种：人力和技术资源，包括创业者及其团队的能力、经验、社会关系及其掌握的关键技术等；财务资源，即以货币形式存在的资源；生产经营性资源，即在企业新创过程中所需的厂房、设施、原材料等。

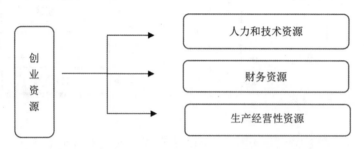

图2-3　Barney等人的创业资源细分概念模型图

三、核心资源与非核心资源

根据资源基础论，创业资源可分为核心资源与非核心资源。识别核心资源，立足核心资源，发挥非核心资源的辐射作用，实现创业资源的最优组合，是创业资源运用机制的基本思路。

核心资源主要包括人力、管理和技术资源。这几类资源是创业企业有别于其他企业的核心竞争力，是创业机会识别、机会筛选和机会运用几大阶段的主线。必须以这几类要素资源为基点，扩展创业企业发展外延。人力资源对于企业来说，主要是一种知识财富，是企业创新的源泉。高素质人才的获取和开发是现代企业可持续发展的关键。管理资源又可理解为创业者资源。创业者自身素质对创业企业的成长有至关重要的作用。创业者的个性、对机遇的识别和把握以及对其他资源的整合能力，都直接影响创业成败。技术资源是一种积极的机会资源。对于新创企业来说，主动引进和寻找有商业价值的科技成果，是企业的立身之本和市场竞争之源。

非核心资源主要包括资金、场地和环境资源。如何有效地吸收资金，并保持稳定的资金周转率，实现预期盈利目标，是创业成功与否的瓶颈课题。场地资源指的是高科技企业用于研发、生产、经营的场所。良好的场地资源能够为企业大幅度降低运营成本提供便利的生产经营环境，短期内积累更多的顾客或质优价廉的供应商。而环境资源作为一种外围资源影响着创业企业的发展。另外还有一些其他的非核心资源，例如，信息资源可以提供给创业者合适的场地、资金、管理团队等关键资源，文化资源可以促进管理资源的持续发展等。

四、自有资源和外部资源

自有资源来自内部机会积累，是创业者自身所拥有的可用于创业的资源，如创业者拥有的可用于创业的自有资金、自己拥有的技术、自己所获得的创业机会信息、自建的营销网络、控制的物质资源，或管理才能等，甚至在有的时候，创业者所发现的创业机会就是其所拥有的唯一创业资源。

外部资源可以包括朋友、亲戚、商务伙伴或其他投资者、投资人资金，或者包括借到的人、空间、设备或其他原材料（有时是由客户或供应商免费或廉价提供的，有时是通过提供未来服务、机会等换取到的，有时还可能是社会团体或政府资助的管理帮助计划）。外部资源更多的来自外部机会发现，而外部机会发现在创业初期往往起着决定性作用。创业者在开始创业时面临的一个重要问题是资源供给不足。一方面，企业的创新和成长必须消耗大量资源；另一方面，企业自身还很弱小，无法实现资源的自我积累和增值。所以，企业只有识别机会，从外部获取充足的创业资源，才能实现快速成长，这也是创业资源有别于一般企业资源的地方。对创业者来说，运用外部资源是一种非常重要的方法，在企业的创立和早期成长阶段尤其如此。其中的关键是具有资源的使用权并能控制或影响资源部署。

自有资源的拥有状况将在很大程度上影响甚至决定获取外部资源的结果。"打铁还要自身硬"，立志创业者首先要致力于扩大、提升自有资源。自有资源的拥有状况（特别是技术和人力资源）可以帮助他们更好地获得和运用外部资源。

五、基础资源和差异资源

厘清这两个概念也有利于帮助创业者思考创业资源的准备问题。一般来说，创业者不可能拥有书中谈到的所有资源，但进入创业阶段必须符合两个条件：一是要有进入一个行业的基础资源；二是具备差异性资源。如果两个条件均不具备，创业成功的可能性就很小。对于准备创业的人来说，必须以书面的方式列出自己进入这个行业的基础资源有哪些、已经具备的资源有哪些、尚未具备的资源如何获取、进入这个行业的差异性资源是什么等。

创业者能否成功地开发机会，进而推动创业活动向前发展，通常取决于他们掌握和能整合到的资源，以及对资源的利用能力。许多创业者早期所能获取与利用的资源都相当匮乏，而优秀的创业者在创业过程中所体现出的卓越创业技能之一，就是创造性地整合和运用资源，尤其是那种能够创造竞争优势，并带来持续竞争优势的战略资源。

尽管与成熟发展期的大公司相比，创业型企业资源比较匮乏，但实际上创业者所拥有的创业精神、独特创意以及社会关系等资源，同样具有战略意义。因此，对创业者而言，一方面要借助自身的创造性，用有限的资源创造尽可能大的价值，另一方面要设法获取和整合各类战略资源。

1.善用资源整合技巧

创业总是和创新、创造及创意联系在一起。一位创业者结合自身创业经历提出了这样的观点：缺少资金、设备、雇员等资源，实际上是一个巨大的优势，因为这会迫使创业者把有限的资源集中于销售，进而为企业带来现金收入。为了确保公司可持续发展，创业者在每个阶段都要不停问自己怎样才能用有限的资源获得更多的价值创造。归结下来，主要有学会拼凑和步步为营两种方法。

第一，学会拼凑。很多创业者都是拼凑高手，通过加入一些新元素，与已有的元素重新组合，形成在资源利用方面的创新行为，这可能带来意想不到的惊喜。创业者通常利用身边能够找到的一切资源进行创业活动，有些资源对他人来说也许是无用的、废弃的，但创业者可以通过自己独有的经验和技巧，对其加以整合创造。例如，很多高新技术企业的创业者并不是专业科班出身，可能是出于兴趣或其他原因，对某个领域的技术略知一二，却凭借这个略知的一二敏锐地发现了机会，并迅速实现了相关资源的整合。

整合已有的资源，快速应对新情况，是创业的利器之一。拼凑者善于用发现的眼光，洞悉身边各种资源的属性，将它们创造性地整合起来。这种整合很多时候甚至不是事前仔细计划好的，而是具体情况具体分析、摸石头过河的产物。而这也正体现了创业的不确定性，并考验创业者的资源整合能力。

第二，步步为营。创业者分多个阶段投入资源并在每个阶段投入最有限的资源，这种做法被称为"步步为营"。步步为营的策略首先表现为节俭，即设法降低资源的使用量，降低管理成本。但过分强调降低成本，会影响产品和服务质量，甚至会制约企业发展。例如，为了求生存和发展，有的创业者不注重环境保护，或者盗用别人的知识产权，甚至以次充好。这样的创业活动尽管短期可能赚取利润，但长期而言，发展潜力有限。所以，需要有原则地保持节俭。

步步为营策略其次表现为自力更生，减少对外部资源的依赖，其目的是降低经营风险，加强对所创事业的控制。很多时候，步步为营不仅是一种做事最经济的方法，也是创业者在资源受限的情况下寻找实现企业理想目标的途径，更是在有限资源的约束下获取满意收益的方法。

2.发挥资源杠杆效应

尽管存在资源约束,但创业者并不会受制于当前拥有或支配的资源,成功的创业者善于利用关键资源的杠杆效应,利用他人或者别的企业的资源来实现自己创业的目的:用一种资源补足另一种资源,产生更高的复合价值;或者利用一种资源撬动来获得其他资源。其实,大公司也不是一味地积累资源,它们更擅长资源互换,进行资源结构更新和调整,积累战略性资源,这是创业者需要学习的经验。

对创业者来说,容易产生杠杆效应的资源,主要包括人力资本和社会资本等非物质资源。创业者的人力资本由一般人力资本与特殊人力资本构成,一般人力资本包括受教育背景、以往的工作经验及个性品质特征等。特殊人力资本包括产业人力资本(与特定产业相关的知识、技能和经验)与创业人力资本(如先前的创业经验或创业背景)。调查显示,特殊人力资本会直接作用于资源获取,有产业相关经验和先前创业经验的创业者能够更快地整合资源,更快地实施市场交易行为。而一般人力资本使创业者具有知识、技能、资格认证、名誉等资源,也提供了同窗、校友、教师以及其他连带的社会资本。

相比之下,社会资本有别于物质资本、人力资本,是社会成员从各种不同的社会结构中获得的利益,是一种根植于社会关系网络的优势。在个体分析层面,社会资本是嵌入、来自并浮现于个体关系网络的真实或潜在资源的总和,它有助于个体开展目的性行动,并为个体带来行为优势。外部联系人之间社会交往频繁的创业者所获取的相关商业信息更加丰富,从而有助于提升创业者对特定商业活动的认识和理解,使创业者更容易识别常规商业活动中难以被其他人发现的顾客需求,进而更容易获得财务和物质资源——这正是其杠杆作用的具体表现。

3.设置合理的利益机制

资源通常与利益相关,创业者之所以能够从家庭成员那里获得支持,是因为家庭成员之间不仅是利益相关者,更是利益整体。既然资源与利益相关,创业者在整合资源时,就一定要设计好有助于资源整合的利益机制,借助利益机制把潜在的和非直接的资源提供者整合起来,借力发展。因此,整合资源需要关注有利益关系的组织或个人,尽可能多地找到利益相关者,同时,分析这些组织或个体和自己以及自己想做的事情的利益关系,利益关系越强、越直接,整合到资源的可能性就越大,这是资源整合的基本前提。

利益关系者之间的利益关系有时是直接的,有时是间接的,有时是显性的,有时是隐性的,有时甚至还需要在没有的情况下创造出来。另外,有利益关系也并不意味着能够实现资源整合,还需要找到或发展利益共同点。为此,识别利益相关者后，逐一认真分析每一个利益相关者所关注的利益非常重要。大多数情况下，将相对弱的利益关系变强，更有利于资源整合。

然而，有了共同的利益或利益共同点，并不意味着就可以顺利实现资源整合。资源整合是多方面的合作，切实的合作需要有各方面利益真正能够实现的预期加以保证，这就要求寻找和设计多方共赢的机制。对于在长期合作中获益、彼此建立起信任关系的合作，双赢和共赢的机制已经形成，进一步的合作并不难。但如果是首次合作，建立共赢机制就尤其需要智慧，要让对方看到潜在的收益，为了获取收益而愿意投入。因此，创业者在设计共赢机制时，既要帮助对方扩大收益，也要帮助对方降低风险，因为降低风险本身也是扩大收益。在此基础上，还需要考虑如何建立稳定的信任关系并加以维护。

第四节　创业计划应用实训

一、实训目的

这一部分是整个创业环节的第一阶段，也是基础准备阶段。创业者首先要有一定的想法，形成系统的方案，然后再根据方案去逐步实施创业想法。撰写一份好的创业计划书并不容易，需要创业者对创业环境与背景进行深入全面的分析，并结合团队的成员所掌握的知识与技能，共同完成创业计划书。

撰写创业计划书不仅可以帮助学生更好地理解企业创业各个方面的内容，全面做好创业的各项准备工作，而且是对学生创业想法的一个全面细致的描述。在最终模拟经营结束后，还要将创业计划书与创业团队最终的经营绩效进行对比分析。通过实际运营管理，可以更清楚地发现创业团队初始想法的不足之处并分析出现差异的原因，从而帮助参训学生理解如何系统全面地写出一份可行的创业计划书，避免撰写过程中凭空猜测或不切实际的想法。

创业计划书撰写实训的主要目的包括以下几点。

① 熟悉或了解什么是创业计划书。
② 掌握创业计划书的内容结构与基本的撰写方法。
③ 了解如何做好创业计划书撰写前的各项准备工作。
④ 以团队为单位，结合商业背景完成一份完整的创业计划书。
⑤ 掌握向各方面人员讲解介绍创业计划书的核心内容与要点的方法和技巧。

通过"创业之星"的创业计划环节实训，帮助创业者完全掌握企业创业计划书的撰写方法与内容结构，并能使其能够在短时间内清楚地讲解创业计划书的核心内容。

二、实训条件与要求

在"创业之星"创业模拟实训平台上，教师开设新的班级并开放教室后，所有参加实训的学生可以登录并进行训练。这部分的实训教学在课后单独完成，之后将创业计划书拷贝到系统中即可。在模拟实训演练时可以采取两种不同的训练模式：小组模式和个人模式。

1. 小组模式

学生以小组为单位组建公司的创业团队，共同完成创业企业的筹建工作。一般每个小组的总人数最多不超过七人，这一方面便于小组形成团队，相互交流讨论；另一方面也直接与后面的创业管理环节相链接，可以贯穿创业模拟实训的全过程。

在小组模式下，一家企业将由多名股东构成，即小组的所有成员都是这个即将成立的企业的股东，各人的股份可根据初始创业资金进行平分或任意分配。通过团队的讨论分析，所有成员共同完成创业计划书的撰写。

2. 个人模式

参加训练的学生也可以个人形式进行这部分的模拟实训，即直接由个人组建一家公司，股东就是他本人，个人根据背景商业环境的资料分析，独立完成创业计划书的撰写。

三、实训时间安排

"创业之星"的创业计划实训环节授课总时间安排为4学时，主要是介绍创业计划书的结构及主要内容，重点是介绍市场分析、现金预算、销售预测、盈利预测等方面内容的分析与撰写。其中，理论讲解时间为2学时，团队介绍及教师点评时间为2学时，创业计划书的撰写在理论讲解完后，由学生在课后以团队为单位完成，具体可根据实际情况灵活安排。

"创业之星"实训平台的创业计划环节总体时间安排大致分配如表2-1所示。

表2-1 "创业之星"实训平台的创业计划环节总体时间安排

步骤	主要内容	学时		
		讲解	操作	合计
理论讲解	介绍创业计划书的基本结构，主要内容及撰写的注意事项	2		2
熟悉系统	熟悉"创业之星"平台及商业背景规则		1	1
计划撰写	学生以团队为单位在课后完成创业计划书的撰写，同时完成一份PPT展示演讲资料		1	1
讲解点评	团队用PPT向其他同学讲解创业计划书的内容与要点，每个团队10～15分钟 教师根据团队创业计划书完成的情况进行综合点评，每个团队5～10分钟	2		2
总课时		4	2	6

课后学生团队撰写创业计划书的时间可灵活掌握，一般至少给学生留一周的时间撰写，以便学生更全面深入地分析背景资料，撰写的创业计划书也会更全面可行。

本章小结

（1）创业者是指某个人发现某种信息、资源、机会或掌握某种技术，利用或借用相应的平台或载体，将其发现的信息、资源、机会或掌握的技术，以一定的方式转化、创造成更多的财富、价值，并实现某种追求或目标的过程的人。

（2）创业者可以分为生存型创业者、变现型创业者和主动型创业者。

（3）创业团队是指在创业初期（包括企业成立前和成立初期），由一些才能互补、责任共担的人所组成的特殊群体。团队成员有共同的价值观，愿为共同的创业目标而努力。

（4）创业团队的组建一般经历"明确创业目标—制订创业计划—招募合适的人员—职权划分—构建制度体系—团队调整融合"的过程。

（5）商业模式的六要素：定位；业务系统；关键资源和能力；盈利模式；自由现金流结构；企业价值。

（6）资源是任何一个主体，在向社会提供产品或服务的过程中，所拥有或者所支配的能够实现自己目标的各种要素以及要素组合。创业的资源种类可根据不同的标准进行不同的划分。比如,直接资源和间接资源,人力和技术资源、财务资源、生产经营性资源,核心资源与非核心资源,自有资源和外部资源,基础资源和差异资源等。

(7)在模拟实训演练时可以采取两种不同的训练模式:小组模式和个人模式。

拓展阅读

第三章

创业计划书的撰写

本章内容主要介绍为何要撰写创业计划书，撰写创业计划书前需要做哪些准备工作，如何撰写完备的创业计划书以及创业计划书的推介等内容。一般在创业活动开展前，创业者都要撰写较为详细的创业计划书，我们可以根据"创业之星"软件的整个训练系统平台的商业背景环境与数据规则，分析市场环境与竞争形势，完成创业计划书的撰写。创业团队首先对背景环境进行商业机会分析，然后组建经营团队，制订资金筹措计划，拟定公司名称，制定公司章程，撰写一份完整的创业计划书。

创业计划书即商业计划书（Business Plan），它指的是公司、企业或者项目单位对项目进行科学的调查研究并搜集、整理相关资料后，依照一定的格式或者内容等具体要求，经过编辑整理后形成的一个向投资者全面展示公司、企业或者项目等目前发展目标、发展情况以及未来的发展潜力的一种书面材料，目的是获得招商投资。

创业计划书最终以书面材料的形式呈现，它会向阅读对象全面介绍企业所从事的相关业务，包括详尽地阐释产品服务、生产工艺、市场和客户、营销策略、人力资源、组织结构、对基础设施和供给的需求、融资的需求以及资金的利用等。

第一节 创业计划书的准备工作

一、企业构思与初筛

好的企业构思不仅是创业成功的开端，还是避免风险和失败的第一道屏障。假如缺少正确的企业理念和构思，那么，不管创业者投资多少，结果都会失败。创新是良好的企业构思的关键：创新能引入一种新产品或发现产品的新用途；能促使企业采用新的生产方式；能为企业开辟一个新的市场；能让企业获取一种新的能源或半成品的新资源；能为企业开创一种新的组织形式。

良好的企业构思指的是在社会、自然环境、技术发展结合客户需求的基础上，提出来的一种设想。它包括创业所选的行业、选择的产品、企业采用的商业模式、企业的规模等。一般在形成一个良好的企业构思时，一定要考虑以下三个方面。

1.环境分析

（1）了解创业环境

在分析创业环境时，首先要了解当今社会政治经济环境，了解并认识可能对企业的计划产生影响的各种因素。

（2）分析面临的机遇

每一次机遇都存在于一定的环境之中，而创业是一个动态的过程，创业者要不断地对机遇和挑战进行分析，在分析时要以自身条件为出发点，牢牢抓住发展的机遇，以成功地进行创业。

2.产品或服务定位

良好的构思是企业建立的基础，而市场需求和产品开发是良好构思的基础。这就要求人们在创业前确定好产品或者服务的定位，明确市场的需求。因为只有在这个基础上，才能依照实际情况设计并开发具有价值的新产品，才能掌握市场发展的动向和趋势。

3.客观认知自身优缺点

在进行创业构思时，一定要利用自身的经验和知识，避难就易。创业者在认识自身优缺点时，要对下面几个问题进行深入思考：我是谁？我的优势所在？我喜欢做的事情是什么？我能做什么？周围的环境允许我做什么？我的生活或创业目标是什么？

良好的构思除了考虑上述因素外，还应该对企业构思的优劣势进行检查。在检查时，最为行之有效的方法就是使用SWOT分析法，即分析Superiority（优势）、Weakness（弱点）、Opportunity（机会）和Threats（威胁）。

二、进行广泛的市场调研

俗称的商业机会只不过是创业者对市场进行的大致判断。具体情况怎么样，只有通过充分的市场调研，广泛收集同现有市场相关的信息才能真正了解。这里的市场调研指的是通过使用科学的方法，有目的、有计划地收集、整理以及分析同创业相关的信息和资料。只有通过透彻的市场调研才能准确地把握市场的脉搏，获得适合环境并满足客户需求的商机。不过市场调研工作非常繁杂，调研者或者创业者要亲身体验，从消费者的角度分析和思考客户的需求和偏好，之后将得到的信息融入将来的产品或者服务设计当中，以满足客户或者市场的需求。

创业者在进行市场调研时可以通过问卷调查、企业网站的在线调查、随访或者让销售团队一线人员直接进入市场和消费者当中进行调查等方式获取市场信息。作为市场调研主体的大学生，在调查时一定要全面把握、客观公正，不要单纯地收集对自己有利的信息，而忽略对自己不利的信息，这样会无法获得真实的市场信息。因此在做市场调研时，一定要认真分析消化各种信息，找出各种信息之间的联系，把握市场调研的核心问题。综上所述，在构思创业计划书时一定要进行广泛的市场调研，只有这样才能保证计划书中内容的真实性。

市场调研分为直接调研和间接调研。如果创业者需要的信息别人已经收集并公布出来，那么创业者可以直接利用这些间接数据了解行业和市场情况，并与自己的预测情况进行对比。这里介绍获取行业和市场情况间接数据的两种方法——阅读材料和访谈。阅读材料包括自行收集的经济类书报、行业出版的行业分析报告、行业协会提供的协会研究报告、互联网信息等。一般来说，要安排专人定期查阅材料，收集有价值的信息供传阅之用。访谈的对象也可以进行分类，以收集不同的情报。可以与同一价值链中的上下游企业的相关人员进行交谈，获取有效信息；也可以与企业内部员工进行交谈，提高对企业运作实际情况的了解。间接数据一般能传递出较为准确的市场竞争格局信息。如果间接数据与创业者的想法相去甚远，那么创业者就需要重新调整自己对市场的认知。若是间接数据与创业者的想法较为相近，那么接下来，创业者还应该进行直接调研，亲自了解市场情况。

直接调研相对于间接调研来说，工作量更大、难度更高。但是科学准确的市场调研数据对创业者制订未来的商业计划具有至关重要的作用。生活中，我们经常遇到的市场调研活动包括以下几点：消费者购买行为研究；广告及促销研究；市场潜力及消费者消费特性研究；销售研究；产品（服务）的市场接受度研究；销售环境研究；销售预测。

创业者首先要明确自己市场调查的重点，即产品（服务）的市场接受度研究和销售预测，为后期的产量控制、价格制定和宣传推广提供参考依据。

市场调研的一般步骤为：确定市场调研的必要性—定义问题—确立调研目标—确定调研设计方案—确定信息的类型和来源—确定收集资料的方法—问卷设计—确定抽样方案及样本容量—收集资料—资料分析—撰写最终调研报告并进行演示。

三、起草创业计划书方案

计划书大纲如同建筑物的框架结构一样重要，只有大纲足够坚实才能支撑起一份优秀的计划书。创业计划书的起草应建立在市场调研和环境分析的基础上，之后再确定创业的目标，最后才是着手起草计划书。计划书的框架构造得越详细，对创业者考虑创业的过程就越有好处，这样一来，也就能让投资者更加清楚地看到创业者的意图。

一份完整的创业计划书主要包括创业介绍、产品或者服务介绍、管理团队介绍、商业模式、营销策略、市场分析和风险管理、发展规划、财务规划、融资需求和资金用途几大方面。需要注意的是，一份优秀的创业计划书并不是将上述内容简单罗列在一起，而是在可行性分析的基础上有详有略地介绍。

在创业计划书大纲完成后，要对大纲进行细化和完善，特别是在进一步获得市场信息后，一定要对大纲做出相应调整和修改来适应市场的变化和需求。

一份完备的具有吸引力的创业计划书需注意以下两点。

1.形式美观，内容简洁明了

一份创业计划书通过它的外观、版面给投资者留下第一印象。具有吸引力的外观、适当的篇幅、重点突出的版面设计以及专业的拼写和印刷是其第一加分项。如果撰写的创业计划书过于凌乱或者过于冗长，即使是非常好的创业想法，投资者也会缺乏耐心去阅读完。

2.执行摘要简明而生动

创业计划书的执行摘要一般是创业者完成创业计划书的其他部分之后对全文进行的总结性概要。虽然执行摘要是创业者最后撰写的，却是投资者最先阅读的部分。一般来说，只有执行摘要具有吸引投资者的要点，投资者才会花费时间接着看其他内容，因此，执行摘要在全文起画龙点睛的重要作用，能够让投资者有兴趣并印象深刻。

四、可行性分析

可行性分析是对商业创意的进一步筛选和判断，前期的研究工作越深入越全面，创业的风险就会越小。可行性分析应具有预见性、公正性、可靠性、科学性等特点。创业计划的可行性分析就是对商业创意进行综合全面的评价和分析，指出创意的优缺点并提出建议，有时为了结论的需要，还需要加上一些附件，如实训数据、论证材料、计算图表、附图等，以增强可行性报告的说服力。初创期的项目或创意因条件限制，所做的可行性分析是有限的，但是至少要包括技术的可行性和经济的可行性的分析。当然还可以对产品或服务的可行性、产业或目标市场的可行性、组织的可行性、财务的可行性、社会的可行性、风险因素控制的可行性等进行分析，这也是创业计划中关键的环节之一。可参考表3-1所示的可行性分析工具表。

表3-1 可行性分析工具表

可行性维度	不可行	不确定	可行
产品或服务的可行性			
产业或目标市场的可行性			
技术的可行性			
经济的可行性			
组织的可行性			
财务的可行性			
社会的可行性			
风险因素控制的可行性			

五、修改并完善创业计划书

修改并完善创业计划书时应该广泛地咨询并听取专家（项目管理师、企业法律顾问、会计师等）的意见。此阶段要做的工作是检查计划书是不是完整、务实、可操作，是不是能将项目的独特优势和竞争力体现出来，这包括项目的市场容量，盈利能力，项目在技术、管理、生产、研究、开发以及营销方面的独特性，企业者及其管理团队将项目成功付诸实践的能力和信心等。创业者通过这些来激发投资者的兴趣，让投资者明确计划的内容，并愿意提供支持。

修改并完善创业计划书时要学会借助外力。比如，聘请法律顾问对创业计划书进行认真审查，保证计划书信息来源的可靠性，以免日后出现不必要的法律纠纷。另外，还可以聘请成功的企业家、风险资本家或者本专业的会计人士，甚至是学校的专业课教师对创业计划书进行审阅，请他们提出修改意见，并针对这些修改意见来完善创业计划书。

第二节　创业计划书的撰写方法

一份优秀的创业计划书在撰写时要遵循一定的原则，按照一定的要求。下面我们就来了解一下撰写计划书所要遵循的原则、撰写的要求以及撰写时应该注意的问题。

一、撰写创业计划书遵循的原则

创业计划书要做到简明扼要、重点突出，讲清楚项目的先进性和可行性，讲明白项目的商业价值和回报周期，讲清楚企业现在的优势和远大前景，讲清楚企业实现愿景的途径和方法。一份创业计划书要做到上述几条要求，在撰写时一定要把握下面几个原则。

1.市场导向原则

大学生在创新创业时切忌闭门造车或想当然，一定要迈开步子走向市场。因为市场在资源配置中发挥着决定性的作用，而各种创意、各种要素以及利润均来自市场。市场是企业赖以生存和发展的基础。没有明确的市场需求，脱离市场实际情况的创业计划书都是没有实际意义的空谈。这就要求创业者在撰写创业计划书时一定要立足市场，准确把握市场现状和未来发展的方向，同时还要将依据市场调研的真实材料分析出的商机和风险展示出来。

2.客观实际原则

大学生在撰写创业计划书时切忌从书本出发，主观想象，凭空臆断，而应该从实际出发，用大量实际且准确的材料作为编写依据，数据的分析要客观实际。之所以要坚持客观实际的原则，是因为大学生在创新创业时缺乏实战经验，对创业的过程也缺乏全面的了解，在编写时很容易主观臆断，对市场的利润和报酬做出不切实际的估计，低估风险和成本，盲目乐观。

3.文字语言精练原则

创业计划书切忌冗长，最好避免出现与主题无关的内容，要采用开门见山、单刀直入的方式将观点表述出来。要求文字语言精练，是因为投资者的时间非常宝贵，他们不愿意花费大量时间去阅读无关文字。因此创业者要想吸引投资者，在撰写创业计划书时，文字一定要精练，观点一定要明确。

4.前后一致原则

创业计划书内容繁杂，很容易出现前后内容不一致、自相矛盾的现象。这不但会让人难以理解，还很容易让人对创业计划书的真实性产生怀疑。因此，在撰写创业计划书时，前后的设想和估计要相互呼应，并保持一致。

5.凸显竞争优势原则

撰写创业计划书的主要目的是为投资者或者贷款人提供资金的依据，所以，创业计划书要将项目的竞争优势凸显出来，将经营者创造利润的理念充分彰显出来，并将投资者的预期报酬明确显示出来。需要注意的是，创业计划书在凸显利润的同时还应该说明风险，不仅要强调优势和机遇，还要重视不足和风险。

6.方便操作执行原则

作为创业者拟订的企业行动蓝图的创业计划书，要具备较强的可操作性，方便付诸实践，尤其是在营销策略、组织结构、管理措施和应对风险的方法和策略等方面一定要具有可操作性。

7.通俗易懂原则

创业计划书面对的对象千差万别，因此计划书中要尽量避免使用专业性较强的术语，因为这些专业术语不是每一个人都能读懂的。如果创业计划书中用过多的术语，不仅会影响读者的阅读体验，还会让人觉得艰涩难懂。即使在无法避免的情况下使用专业术语，也要在合适的位置（比如附录）做出适当的解释和说明。

二、创业计划书撰写的要求

在创业计划书撰写原则的指导下，为了让计划书表意更加明确，让人阅读起来更加轻松，创业者必须掌握一定的撰写技巧。

1.凸显主题创业

撰写创业计划书要开门见山，围绕主题内容进行，不要词不达意，讲述一些同主题无关的内容，一定要用最真实最简洁的语言，围绕创业产品以及服务展开阐述。

创业计划书的主题是新创企业或者新产品投资价值的体现，创业计划书的内容也需要围绕其展开。企业的投资价值简言之就是企业的成长空间、成长的能力以及成长的效率。而企业投资价值的成长空间、效率、速度以及风险等是风险投资者和合作人最为关注的，因此在撰写创业计划书时，对于新创企业的生存和发展能力一定要重点介绍，也就是通过介绍新创企业在市场、产品、管理、销售、财务等方面的能力，将新创企业的综合素质和发展态势清晰地展现出来。

2.阅读对象要明确

阅读对象作为新创企业或新产品价值的判断主体，有可能是风险投资者、银行信贷人员、战略合作伙伴，也有可能是主要的客户或雇员等。在经济利益化的今天，每个人都在追逐不同的利益，因此在撰写创业计划书时一定将阅读对象关心的内容呈现到他们面前，给他们一种眼前一亮的感觉。比如，风险投资者希望从中看到市场增长和盈利方面的信息；战略合作伙伴和客户则希望从中看到产品业务、市场、盈利和团队管理运作方面的信息。不同的阅读对象对信息的关注点不同，因此在撰写创业计划书之前一定要先弄清楚阅读对象最感兴趣的是什么，这样才能达到事半功倍的效果。

3.突出竞争优势

竞争是市场经济活动中的一个重要法则。企业在竞争中崛起或倒下。一份创业计划书能在众多创业计划书中脱颖而出被选中，多半是因为其拥有竞争优势、有独特的长处。因此，优秀的创业计划书一定要凸显竞争优势，彰显企业创造利润的能力。在创业计划书中，我们可以通过展现管理团队事业管理的能力和丰富的经验背景，通过显示该产品在产业、市场、技术等方面的优势和未来发展的前景，通过创业者对新创企业内外部环境的考虑和面对创新创业的充足信心，将竞争优势体现出来。

4.内容具体充实

创业计划书中的内容尤其是数字一定要客观、具体，不要凭空捏造，也不要模棱两可。撰写创业计划书时，创业者要尽量做到用事实说话，特别是第一手调查资料要使用能够用来参考的权威数据或者文献资料。在分析市场和行业时最好用数字说话，比如产品的市场容量、市场的占有率、投资的回报率等，不要脱离实际，过分夸大或者缩小。也正出于这些原因，创业者在撰写创业计划书时，一定要认真进行市场调研，引用官方或者权威学术研究机构的客观统计资料，在此基础上认真分析消化。如果有新研发的产品，可以让客户试用，并及时听取专家意见进行改进，这样也能让创业计划书的可信度提高。

5. 论证周密严谨

一份优秀的创业计划书是按照商业计划的概念逐步完善的。撰写创业计划书时，一般围绕概念（Concept）、客户（Customers）、竞争者（Competitors）、能力（Capabilities）、资本（Capital）、持续经营（Continuation）这6C展开。

① Concept（概念）：是指读者在阅读计划书时，能从创业者所撰写的创业计划书中快速获得想了解的内容。

② Customers（客户）：产品卖给谁，谁就是客户。一定要明确客户的范围，比如，若明确客户是女性，那5岁以下和50岁以上的女性是不是也属于该客户范围，这一点必须要明确，也就是要明确产品适合的年龄。

③ Competitors（竞争者）：所卖的产品有没有人在卖，如果有人在卖，要知道是在哪里卖，以及有没有可以替代的产品。还要清楚这些竞争者的关系是直接竞争还是间接竞争等。

④ Capabilities（能力）：明确自己是不是懂要出售的产品，如果缺少这个能力，那么可以找一个懂这方面的合伙人，再不然自己要有这方面的鉴赏能力，否则就不要选这个方向。

⑤ Capital（资本）：资本形式多样，可以是现金，也可以是有形或无形的资产。一定要清楚自己的资本在什么地方、有多少，以及可以借贷的资产有多少。

⑥ Continuation（持续经营）：当目标或者事业完成得不错时，要及时考虑将来的计划。

6C是一个完整的系统，一定要注意首尾呼应，前后保持一致，因此在撰写创业计划书时一定要进行周密分析，认真分析可行性研究并论证。针对创业计划书中得出的结论，一定要明确自己使用了什么样的财务评估方法、会计方法，同时要明确市场需求分析依据的调查方法及证据。创业计划书前后内容的基本假设和预估要呼应、协调、统一，并符合逻辑。为了避免创业计划书出现前后脱节、遗漏、文风迥异等情况，同时也为了保证撰写过程有条不紊地进行，在撰写创业计划书之前可以组建一个编写小组，成员相互协作、各司其职，终稿由组长统一敲定。

6. 专业的分析方法

在撰写创业计划书时，创业者一定要充分运用专业分析方法，切忌简单的文字阐释。比如，分析技术和产品时，运用比较分析法或者定性定量分析法；分析市场和客户时，采用问卷调查法或观测法等。为了能将专业化的分析呈现出来，创业者在撰写计划书时不妨邀请教师或相关专家（尤其是具有丰富实战经验的专家）参与其中。

7.完整规范的结构

创业计划书有一套完整的格式，内容也应该具有连贯性并且按照一定的顺序进行编排。创业计划书要有索引和目录，方便阅读者查阅各个章节。在全部内容中，概要或摘要是最为重要的，它是整个创业计划书的精华所在，也是最能打动阅读者的部分。大部分阅读者都是在看完概要或摘要后决定是不是继续阅读全文。就主要内容而言，最好采用直观方法进行描述，比如，产品业务的描述、行业分析、营销策略、创业团队等可以使用科学规划的图示描述，这样更形象直观。附录部分的内容也要重视，其内容包含管理团队的简历、产品或产品原型的图片、具体的财务数据以及市场调查计划等。在编写过程中，最好以Word版本为主，编排要精美，让阅读者一目了然。

三、撰写创业计划书应注意的问题

大学生由于缺乏实战经验或是创业理念还不够成熟，创业计划书中常常会存在一些问题。

1.创业计划书主题出现的问题

很多创业计划书主题不够鲜明集中，不够吸引人。大学生创业者的想法非常多，但是缺乏收敛的能力。这很可能是因为发散思维在其中发挥了作用，一旦按照可行性的方向去评价或者收缩时，很多人就难以取舍，也就导致主题不突出、不鲜明。

2.创业计划书筹资方案出现的问题

很多创业计划书筹资方案不甚明确，不知道从什么地方筹资必需的资金。大部分情况下，创业团队会采用"凑份子"的方式筹集资金，但是这种方法会导致团队缺乏信心，影响后续的发展。很多大学生创业自身没有资金，需要家庭的资助，这种方式也是不可持续的。

3.创业计划书在财务分析上出现的问题

一些创业者财务分析的能力比较薄弱，在计算产品成本时考虑不周全，有可能会漏算税费、财务费用以及人工物料等成本费用。还有可能在计算预期收益时无法考虑可能存在的风险，或者是在非常理想的状态下设想稳定和富足的收益，导致实际收益数据出现严重偏差。

4.创业计划书在生产、销售环节出现的问题

一些创业者完全忽视生产和销售等环节的掌控和细节管理问题，认为这些常规性的工作不需要花费时间和精力去应对，甚至对这些问题不屑关注，进而给人一种只有策划完美，而对常规运行和实际操作不管不顾的感觉，最终会对整个计划书的效果产生影响。

5.创业组织结构和体制设置上出现的问题

一些创业计划书中的创业组织结构和体制设置上不够完善和明确，和无限连带责任的合伙制比较相似，但是没有从法律上做出明确的界定，这样就多少会沾染一些"哥们义气"，大家在彼此信赖的基础上开始创业，长期发展下去容易遭遇产权不明、责任划分不清等问题。

6.项目在设计上出现的问题

很多大学生多少带点浪漫主义，因此在项目设计上常偏重浪漫色彩。他们的创业计划书中有很多华而不实的品牌包装和形象设计，但在项目的名称和标识上无法直接同所描述的行业和市场定位对接，给人一种艰涩、牵强的感觉。

第三节 创业计划书主要内容

一、企业简介描述

创业计划书是以书面形式呈现的，是一种分析创新创业各种要素的文件，篇幅在几十页左右，内容既要详略得当，又要现实丰满。一份完整的创业计划书一般包括摘要、企业简介、市场分析、竞争分析、产品服务、市场营销、财务计划、风险分析、内部管理、附件资料等。

在创业计划书内，通过对企业进行简单介绍可以让阅读对象对企业有一个初步的了解。此部分的重点是介绍企业的发展历程、目标以及现状等，让阅读对象能在最短的时间内了解企业的概况。此部分内容主要从以下几个方面入手。

1.企业的业务性质

此部分主要是介绍企业所从事的业务，并对相应的产品或者服务进行简单介绍。在介绍时，尽量用简洁的语言让阅读者快速了解企业的产品或者服务。

2. 企业的业务发展历程

此部分主要是简单介绍企业的各个发展阶段，回顾企业的发展历程，将具有里程碑意义的事件收录其中，突出企业在同行业中的闪光点。值得注意的是，此部分篇幅不要太长，相关细节可以在交流中补充。

3. 企业的业务展望

此部分主要是描述企业未来的发展计划，一般按照时间顺序进行描述，同时将关键的发展阶段指出来。比如：未来4年之内，你是不是有进入该行业前十的企业计划？未来2年内，你是不是希望将员工发展到10名？在将来5年内，你是不是准备将企业的利润收入提高到××元？明确这些目标并对其进行量化。

4. 企业的组织结构

此部分主要是用来说明企业的所有制性质和附属关系。此外，还要对企业组织结构图做简单介绍。

5. 企业的供应商情况

此部分主要介绍企业生产所需的原材料和必备零件的供应商家。一般罗列3~4家比较重要的供应商，罗列的形式多是表格，罗列的内容包括最大供应商的名称、供应原材料的名称或零件的名称以及对这些商家的简单介绍。一般情况下，风险投资者会向供应商打电话确认该名单的真实性。

6. 协作人员或者分包人员

此部分主要介绍企业产品从研发、生产到销售过程中参与的协作人员或者分包人员，以及这些人员的名称、所处的环节、做出的贡献和产生的影响力等。

7. 企业的专利和商标

此部分要详细介绍企业持有的或者将要获得的专利和商标，这能让企业的独特性凸显出来。除了详细介绍外，还可以直接将企业的专利和商标列成清单，让阅读对象自己感知企业的独特性。

二、产品（服务）的介绍

企业生产的产品（服务）能否以及能在多大程度上解决现实中的问题，或者企业的产品（服务）是不是能让客户节约开支，增加收入，是投资者在进行项目评估时所关心的问题。所以在创业计划书中此部分的内容是必不可少的。

在创业计划书中，产品（服务）介绍应该包括以下几个方面：产品（服务）的名称、产品（服务）的性能、产品（服务）的市场竞争力、产品（服务）的研发过程、产品（服务）的品牌、产品（服务）的专利、产品（服务）的市场前景等。其中，不同产品或者同类产品之间相互区别的标志就是产品特性，因此一定要将本企业的产品或服务与同类产品或服务的独特性用通俗易懂的语言表达出来。假如你所展现的产品还处于设计阶段，那么一定要提供相应的设计方案并证明自己拥有生产能力；假如产品已经生产完成，那么一定要有原图介绍。

在介绍产品或服务时，一定要弄清楚下面几个问题。

① 客户或消费者希望从新产品或者服务中得到什么？

② 同竞争者相比较，本企业的产品或者服务的优势是什么？企业会用什么样的方法将这种优势继续保持下去？

③ 企业拥有的专利和许可有哪些？企业为自身产品采取的保护措施有哪些？

④ 企业对新产品或者服务有哪些规划？

⑤ 企业的产品或者服务的定价，是如何给企业带来长期利润的？

⑥ 企业的产品或者服务是如何拥有稳定的客户群的？如果丢失客户群，企业将如何应对？

需要注意的是，每一个创业者在创业伊始都会对自己的产品或者服务满怀信心，因此在描述的时候会使用很多赞美之词，但是企业要想获得长远发展，必须兑现所承诺的种种事情，所以在对产品或者服务进行介绍时一定要秉承实事求是的原则，不要夸大其词。

三、详细的市场分析

市场分析在整个创业计划书中有着举足轻重的地位，因此创业者在撰写此部分时一定要据实详细阐释。

1.目标市场分析

"目标市场"这一概念最早是由市场营销专家麦卡锡（Jerome McCarthy）提出的。他认为应该按照消费者具有的特征将市场划分成若干部分，之后再根据产品自身特征选择其中的一部分消费者作为特定的群体进行营销，而这一特定的人群就是目标市场。在分析目标市场时，我们可以从下面几个方面入手：第一，你所划分的细分市场是什么；第二，你拥有的市场大小；第三，你拥有的市场份额大小；第四,你的目标客户群是哪些人或哪一类人;第五,你的营销策略是什么样的;第六,你的企业在未来5年内有什么样的生产计划,其收入和利润有多少。

详细的目标市场分析,能帮助投资者判断企业目标是否合理,也能帮助投资者判断其承担风险的大小。创业者在计划书中阐释目标市场时,一定要秉承这样的思路:企业身处一个非常大且发展前景广阔的市场,同时拥有强大能力来应对各个方面带来的竞争压力。

2.竞争企业分析

竞争企业指的是在市场上同本企业提供一样的或者相似度极高的产品或者服务,同时在配置和使用市场资源时同本企业存在竞争的企业。在创业计划书中,创业者一定要将怎样打败竞争企业,怎样在竞争中优于其他企业考虑其中。

对竞争企业进行分析的前提是进行信息收集。收集竞争企业信息的渠道有企业内部信息库、传统媒体、互联网、商业数据库、咨询或服务机构、人际关系网络等。一旦获得了竞争企业的产品情况、营销策略、技术数据、商业信誉等信息,并做好了相应的准备工作,创业者所编撰的计划书就有了证据,表达就会更加充分。在分析竞争企业时,我们可以从以下几个方面入手:第一,竞争企业有哪些,主要的和最大的竞争企业是谁;第二,竞争企业的优势有哪些,有什么样的动向;第三,在竞争中,本企业具有哪些优势和不足,怎样扬长避短;第四,本企业是否能承受竞争带来的种种压力;第五,在未来的竞争中,本企业会采取什么样的策略去应对。

3.行业分析

行业就是企业要进入的市场,在创业计划书中一定要对所要进入的行业的全貌和关键性因素进行认真分析。在进行行业分析时一定要考虑以下几点:第一,该行业目前的情况,包括发展到了什么程度,处于萌芽状态还是成熟阶段,销售的总额度是多少,总体收益怎样等;第二,该行业未来的发展趋势,即行业未来的走向;第三,影响该行业的因素,包括该行业领域的相关国家政策、社会文化,竞争者的基本情况以及存在的行业壁垒等;第四,该行业的经济主体概况,主要包括竞争者、消费者、供应商以及销售渠道等主体的大致情况。

在对该行业进行分析时,一定要抓住该行业的基本特点、竞争现状以及未来发展趋势。要想对上述因素进行认真分析,那一定要对该行业足够了解。

创业者只有做到这一点才能发现并掌握该行业发展的规律,找到该行业发展的方向,最终确立该行业发展的目标。

四、营销策略与市场预测

1.营销策略

营销策略是企业以顾客需求为出发点,根据经验获得顾客需求量、购买力的信息,以及商业界的期望值,有计划地组织各项经营活动,通过协调一致的产品策略、价格策略、渠道策略和促销策略,为顾客提供满意的商品或服务,从而实现企业目标的过程。

营销作为企业运营中最具挑战性的环节,决定着企业的生存和发展。一般而言,对营销产生影响的因素包括消费者的特征、产品的特性、企业的自身状况、市场环境等,其中营销成本和营销效益对营销策略产生最终影响。

在撰写创业计划书时,创业者应该明确营销策略,其中包含市场机制和营销渠道的选择,建立营销机构和营销队伍,确定促销计划和广告策略、价格策略、营销网络,明确市场渗透和市场开拓的计划以及营销中发生突发情况采取的对策等。在描述营销策略时,创业者可以从分析不同营销渠道的利弊,明确负责营销的部门,采用的营销工具,要实现的促销目标以及经费支持等方面展开。

企业处于不同的发展阶段,所使用的营销策略也各不相同。尤其是新创企业,企业处于起步时期,产品和企业的知名度比较低,很难打入其他企业稳定的销售渠道。所以,企业最常采用的营销策略便是低效益高成本,比如上门促销、商品广告宣传、让利给批发商或经销商等。对于发展中的企业而言,既可以采用原来的营销方式和渠道,也可以根据企业发展开发新的渠道。

2.市场预测

市场预测指对影响市场供求变化的诸多因素运用科学的方法进行调查和研究,分析和预见其发展的趋势,进而掌握市场供求变化规律,为经营决策提供科学依据。市场预测常出现在企业开发新产品或者开拓新市场之前,一旦预测的结果不是很好或者预测的可信度存在疑虑,那么投资者就会承担非常大的风险,这些对投资者而言是不可接受的。

在进行市场预测时,首先要对需求进行预测,比如市场上是不是存在对这种产品的需求,需求的程度是不是能为企业带来可观的利润,新市场的规模有多大,需求的未来发展趋势,需求受到哪些因素影响等。其次要分析企业在市场中的竞争情况,即分析其竞争格局。比如,市场的竞争者有哪些,存不存在企业产品进入市场的空当,企业预估的产品的市场占有率有多大,本企业在进入市场后会对其他企业有怎样的影响,它们会产生什么样的反应以及这些反应对本企业会有哪些影响等。

在创业计划书的内容中，市场预测应该由市场现状的总体概述、市场的需求预测、竞争厂家的基本情况、目标客户以及市场和本企业产品在市场中占有的地位等构成。需要注意的是，市场预测一定要以严密科学的市场调查为基础。企业面对的市场本身就是变幻莫测的，所以创业者要尽可能多地收集信息，运用科学的方式对市场进行预测，避免因未正确认识市场而导致企业经营失败。

五、管理人员和组织结构

企业管理成功与否直接决定着企业经营风险的大小。高素质的管理人员和良好的企业组织结构是管理好企业的重要保证。所以，阅读者或者投资者对企业管理人员和组织结构会特别重视。

1.管理人员

此处的管理人员指的是主要管理人员，即董事会成员以及主要的营销人员。营销成员与企业的效益密切相关，因此有必要将他们的详细情况以及职责和能力进行介绍。对主要管理人员进行介绍时，关键要说明以下几点。第一，该成员是否称职，即他们的经历和能力是否同当前的工作要求相符合，他们是不是能够满足企业发展的需要。第二，原来成功的经验和业绩。如果管理部门中的关键人员有人在过去取得了难得的成功，那么会让投资者信心大增，因为很多投资者比较看重参与项目的人，而对实际的项目却不是很重视。第三，个人特征是不是同现有职务相吻合，能否同领导班子其他成员良好配合。第四，是不是可以对下属工作进行有效指导，是不是有能力激发员工的积极性，提高员工的工作效率。

需要注意的是，在介绍主要管理人员时一定要实事求是，不要夸大也不要过分谦虚，对其业绩的描述也要掌握好分寸。

2.组织结构

组织结构就是企业的管理框架。组织结构类型繁多，不过初创企业的组织结构相对简单，即员工就是股东，组织结构的关键是分工明确、各司其职。

在阐释此部分内容时，创业者要将企业的管理机构，比如股东的情况、董事的情况以及各部门的构成情况介绍清楚，通常以一览表或者其他比较清楚的形式表示。

在介绍组织结构时，要将以下几个方面囊括其中：第一，组织结构中的责任是怎样划分的；第二，主要管理人员，比如经理的职责和权限，由经理负责的员工有哪些；第三，产品或者服务等是以什么形式呈现的，以及每个员工或者组员负责哪一部分工作。

创业计划书的重点是将团队的凝聚力和战斗力展示出来，让合伙人或投资者看到管理团队是由一批经验丰富、能力较强、职业道德高尚的人员组成的，他们相互合作，凝聚力较强，在业务和管理方面具有极强的能力。拥有一支优秀的管理团队能让企业抓住创业机会，用最有效的方式实现既定的工作目标。

六、融资计划和生产计划

1.融资计划

融资计划包含投资决策所关心的全部内容，例如，商业模式、产品和服务模式、市场分析、融资需求、运作计划、竞争分析、财务分析、风险分析等，这对创业企业来说至关重要，它是决定创业是否能够进行下去的关键，是说服投资者的证明书。

融资计划的撰写大体分为五个步骤。

① 融资项目的论证。它主要是针对项目的可行性和项目的收益率进行论证。融资计划需要进行可行性分析、项目预估和规划。

② 融资途径的选择。作为融资人，应该选择成本低、融资快的融资方式，比如发行股票和证券、向银行贷款、接受入伙者的投资；如果项目和现行的产业政策相符，可以请求政府的财政支持。

③ 融资的分配。所融资金应该专款专用，以保证项目实施的连续性。

④ 融资的归还。项目的实施有期限的约束，一旦项目的实施开始回收本金，就应该把融资获得的资金进行合理的偿还。

⑤ 融资利润的分配。企业利润分配的对象是企业交纳所得税后的净利润，这些利润是企业的权益，企业有权自主分配。

融资计划中融资方式、融资途径和融资主体是最为核心的内容。融资方式主要有基金组织、银行承兑、直存款、银行信用证、委托贷款、直通款、对冲资金、贷款担保等。融资途径主要包括债务融资和股权融资。融资主体是指进行融资活动、承担融资责任和风险的项目法人单位。

2.生产计划

生产计划的主要功效是方便投资者了解企业研究的进度和所需要的资金。在编写这部分内容时，创业者要清楚地知道业务流程，了解其中的关键环节，搞清楚企业基本的运营周期和时间间隔，明确季节性生产任务和生产中可能会遇到的问题及其解决方案。此部分包括以下几个方面的内容。

(1) 厂房基本情况

① 厂房和生产设施。此部分主要讲述企业拥有的房地产或者租用的办公室和工厂，明确说明工厂的面积和单位面积的价格，以及相关固定资产和生产设备等。投资者通过此部分内容来了解、判断其是否能够满足风险企业增长的需求。

② 基础设施。此部分内容主要是概括介绍水、电供应以及通信和道路等配套设施的情况。

(2) 产品制造和技术设备

这部分的内容主要包括：本企业已经或者打算购买的主要设备；用概括性的语言将固定资产的总额和可变现的价值讲述清楚；清楚阐释现在拥有的设备能达到的产值和价值；设备采购的周期等。

(3) 生产流程和关键环节介绍

① 生产特点。包括：产品生产过程和生产工艺是否复杂，技术是否成熟；参与生产的员工需不需要拥有特殊技能；生产过程中哪些环节最为重要；生产需要的零部件是否很多；哪一种或哪几种零件最为关键；产品的实际附加值有多大等。

② 生产情况。包括：计划中的生产过程是什么样的；生产的量有多大；采用什么样的生产工具，需要什么样的稀有材料；从第三者手中能获得什么样的原料、零件或服务；单位的生产能力怎样；生产量在短期内怎样调节；扩展生产量要投入多少资金；使用什么样的质量检测方法；产品存货如何管理等。

除了上述几项外，还应该将生产经营成本分析、新产品投产计划以及质量控制和改进计划等列入所要讲述的内容中。

七、财务规划和风险分析

1.财务规划

良好的财务规划不仅能降低企业的经营风险，增强企业风险投资的评估价值，还能提高企业获得资金的可能性。如果将创业计划书看成创业者在筹资过程中所有行动的整体规划，那么财务规划就是其行动的"左膀右臂"，它能为创业计划书提供强劲有力的支撑。在撰写创业计划书时，一般包括以下几个方面。

(1) 历史经营状况的相关数据

这部分针对的是现有企业，而初创企业不会涉及此类问题。它主要指的是企业在过去几年内的经营状况，是企业未来发展重要的参考依据，投资者也会将其作为投资的重要依据。在创业计划书内，创业者应该制备完成企业过去三年的现金流量表、资产负债表以及损益表。现金流量是企业的生命线，无论在初创时期还是扩张时期，企业都要对流动的现金有周详的使用计划，同时在使用过程中应该对其进行严格控制；资产负债表是对企业某一段时间内状况的反映，投资者会用其来衡量企业的生产经营状况和投资的回报率；损益表是企业盈利状况的反映，是企业在某个时段内经营的成果。

（2）未来财务的整体规划方案

未来财务的整体规划方案是以生产计划和营销计划为基础的，严格来讲，企业的财务规划可以根据创业计划书前面讲述的内容来制订。做好财务规划的前提是有理有据，并有适当的假设。创业者要在创业计划书中将企业未来3—5年的生产费用和收入情况论述出来，并用财务报表的形式展现具体的财务情况。

创业者要想完成财务规划，一定要明确下面这几个问题：第一，产品在某个固定时间内的发行量有多大，产品的定价是多少；第二，每件产品的生产成本是多少；每件产品预期的成本和利润是多少；第三，什么时间开始产品线扩张；第四，雇用多少人进行生产、加工和销售产品，工资的预算是多少。

2.风险分析

一份创业计划书中缺少了风险分析就是不完整的，因为创业本身就有风险，而创业的过程中存在的风险是无法预知的，常常让人始料不及。在创业计划书中做风险分析，既可以打消或降低风险投资者的顾虑，让其全方位了解企业，又能将团队管理者对市场的洞察力和解决问题的能力展现出来。

（1）市场风险

市场风险的内容包括可能遇到的问题、销售者的未知因素、在竞争过程中无法预料的问题、客户不同的需求以及反馈信息等。

（2）技术风险

技术风险的内容主要指的是技术研发中出现的各种困境，比如技术力量比较薄弱、研发不到位、员工的熟练程度欠缺、经验欠缺、研发资金短缺等。

（3）资金风险

资金风险需要创业者将可能出现的资金周转不畅通、资金断流等问题阐释清楚，同时也要明确企业遇到清算产生的后果以及清算后有没有偿还资金的能力等。

（4）管理风险

每一个企业的管理都不是十全十美的，因此创业者在进行阐释时一定要实事求是，将企业自身的情况如实反映出来，比如员工缺乏、经验欠缺以及资源匮乏等，不要刻意隐瞒管理方面存在的缺陷以及漏洞。

（5）其他风险

除了上述风险外，企业其他方面的风险也有很多，比如，政策不确定、经营中遇到突发状况、财务上出现不确定因素等。

在风险分析中，创业者的主要任务是在对市场、技术、资金和管理等方面进行风险分析后，将分析的结果和解决方案形成文字呈现在创业计划书中。其实风险并不可怕，可怕的是在遇到风险时没有相应的解决方案。创业者如果能主动将风险提出来并进行分析探讨，反而会在一定程度上提升风险投资者的信心，提升风险投资成功的概率。

第四节 创业计划书撰写实训

一、实训目的

课后学生团队撰写创业计划书的时间可灵活掌握，一般至少给学生留一周的时间，以使其更全面深入地分析背景资料，撰写的创业计划书也会更全面可行。

二、实训内容步骤

1.撰写创业计划书概要

参照创业计划书的撰写模板，结合创业项目和企业实际情况撰写创业计划书的概要。在"创业之星"模拟实训平台中，主要根据系统中设定的商业背景环境来撰写。所有学生面临的是同一个商业环境，并互相竞争合作。

2.创业计划书内容要点

起草一份完整的创业计划书是一个展望项目未来前景—细致探索合理思路—确认项目实施必需资源的过程。好的创业计划书是企业取得成功和获得投资商青睐的一个重要因素。

(1) 摘要

摘要列在创业计划书的最前面,它浓缩了创业计划书的精华部分,涵盖计划的要点,应清楚明了,以便阅读者在最短时间内评审计划并做出判断。摘要一般包括企业介绍、主要产品和业务范围、市场概貌和营销策略、销售计划、生产计划、财务计划和资金需求情况等。在介绍企业时,首先要说明创业企业思路的形成过程以及企业的目标和发展战略。其次要交代企业现状、过去的背景和企业的经营范围。这里要对企业以往的情况做客观的评述,不回避失误,因为中肯的分析更能赢得信任,获得认同。最后还要介绍创业者自身的背景、经历、经验和特长等。创业者的素质对企业的成绩往往起关键性作用,创业者应尽量突出自己的优点并表现强烈的进取精神,以给投资者留下一个好印象。

在摘要中,企业还必须回答企业的客户是谁、他们有何需求,企业的合伙人、投资人是谁,企业的竞争对手是谁,他们对企业的发展有何影响等问题。摘要须简明、生动,特别要详细说明本企业的不同之处和企业获取成功的市场因素。

(2) 项目介绍

在进行投资项目评估时,项目介绍通常包括产品的概念、性能及特性,主要产品介绍,产品的市场竞争力,产品的研究和开发过程,发展新产品的计划和成本分析,产品的市场前景预测,产品的品牌和专利等。

在产品或服务介绍部分,要对产品或服务做出详细的说明,说明要准确,也要通俗易懂,使不是专业人员的投资者也能明白。产品介绍要附上产品原型、照片或其他介绍。产品介绍必须回答下列问题:顾客希望企业的产品能否解决或多大程度上解决现实生活中的什么问题,顾客能从企业的产品中获得什么好处;创业企业的产品能否帮助顾客节省开支、增加收入;企业的产品与竞争对手的产品相比有哪些优点,顾客为什么会选择本企业的产品;企业为自己的产品采取了何种保护措施,企业拥有哪些专利、许可证,或与已申请专利的厂家达成了哪些协议;为什么企业的产品定价可以使企业产生足够的利润;为什么用户会大批量地购买企业的产品;企业采用何种方式去改进产品的质量、性能;企业对发展新产品有哪些计划等。

(3) 市场分析

当企业要开发一种新产品或向新的市场拓展时，首先要进行市场预测。如果预测的可信度让人怀疑，那么投资者就要承担更大的风险，这对大多数投资者来说都是不可接受的。

市场分析首先要对需求进行分析，包括市场是否存在这种产品的需求，需求程度是否可以给企业带来所期望的利益，新的市场规模有多大，需求发展的未来走向及其状态如何，有哪些因素影响需求。其次，要对企业所面对的竞争格局进行分析，包括市场中主要的竞争者有哪些，是否存在有利于本企业产品的市场空白，这些反应对企业会有什么影响等。市场分析还包括市场现状综述、竞争厂商概览、目标顾客和目标市场、本企业产品的市场定位、市场区域和市场特征等。此外，要在这部分文字上附录市场展望依据，如顾客建议、调查数据、报刊文摘、产品规格，或是产品或服务的推广资料。

对市场的分析应建立在严密、科学的市场调研基础上。风险企业所面对的市场，本来就有变幻不定、难以捉摸的特点，因此，企业应尽量扩大信息收集的范围，重视对环境的预测，并采用科学的预测手段和方法。创业者应牢记的是，市场预测不是凭空臆想的，对市场错误的认识是企业经营失败的主要原因之一。

(4) 营销策略

营销是企业经营中最富挑战性的环节。影响营销策略的主要因素有消费者的特点、产品的特性、企业自身的状况、市场环境方面的因素。最终影响营销策略的则是营销成本和营销效益因素。营销策略应包括市场机构和营销渠道的选择、营销队伍建设和管理、促销计划和广告策略、价格决策。

创业企业由于产品和企业知名度低，很难进入其他企业已经稳定的销售渠道，不得不暂时采取高成本低效益的营销战略，如上门推销、大打商品广告、向批发商和零售商让利，或交给任何愿意经销的企业销售。对发展企业来说，它一方面可以利用原来的销售渠道，另一方面也可以开发新的销售渠道以适应企业的发展。

(5) 生产管理

创业计划书中的生产制造计划应包括产品制造和技术设备现状、新产品投产计划、技术提升和设备更新的要求、质量控制和质量改进计划。

在寻求资金的过程中，为了提升企业在投资前的评估价值，创业者应尽量使生产制造计划更加详细、可靠。一般地说，生产制造计划应回答以下问题：企业生产制造所需要的厂房、设备情况；怎样保证新产品在进入规模生产时的稳定性和可靠性；设备的引进和安装情况，谁是供应商；生产线的设计和产品组装如何；供货者的前置期和资源的需求量；生产周期标准的制定和生产计划的编制；物料需求计划及保证措施；如何控制质量等。

(6) 管理团队

这一部分要重点说明组建的团队有能力实施此项创业，再分别介绍各负责人的专业技能与相关背景。一般认为，投资者最看重的不是创业计划书中的创意，而是高素质的管理人员和良好的组织结构。此外，创业计划书要用专门的一页，细分团队中各成员作为创业者在该企业中所占股权的百分比。如果在此之外仍需外部融资，则专门用一部分文字来阐述整个创业团队愿意出让多大比例的股权，以换取多少外部投资。

企业的管理团队成员应该是互补型的，而且要具有团队精神。一个企业必须具备负责产品设计与开发、市场营销、生产管理、财务管理等各方面的专业人才。创业计划书要介绍主要管理人员所具有的能力、在本企业中的职务和责任、过去的详细经历及背景。此外，还应对企业结构做简要介绍，包括企业的组织结构图、各部门的功能与职责、各部门的负责人及主要成员、企业的薪资体系、企业的股东名单、董事会成员、各董事的背景资料等。

(7) 财务规划

财务规划需要花费较多的精力来进行具体分析，其中包括现金流量表、利润表和资产负债表的编制。财务规划一般包括以下内容：创业计划书的条件假设；预计的资产负债表；预计的利润表；现金收支分析；资金的来源和使用。

(8) 附录

创业计划书中没有说清楚或需要补充的内容可在附录中列示，包括企业背景及结构、团队人员简历、企业宣传资料、市场调研报告、相关专业词汇等。

3.完成创业计划书

参训学生应根据"创业之星"模拟实训平台的背景环境资料，结合市场竞争形势完成一份完整的创业计划书。创业计划书的主要内容应包括摘要、项目介绍、市场分析、营销策略、生产管理、管理团队、财务规划、附录等。

除了创业计划书本身的结构与内容的完整性外，在后面实际完成企业两年创业管理后，要将实际运营的绩效结果与创业计划书的规划预期进行对比，以检验创业计划书规划的准确性与合理性。

本章小结

（1）创业计划书即商业计划书，它指的是公司、企业或者项目单位对项目进行科学的调查研究并收集、整理相关资料后，依照一定的格式或者内容等具体要求，经过编辑整理后形成的一个向投资者全面展示公司、企业或者项目等目前发展目标、发展情况以及未来的发展潜力的一种书面材料，目的是获得招商投资。

（2）进行企业构思时，要考虑以下三个方面：环境分析；产品或服务定位；客观认知自身优缺点。

（3）市场调研的一般步骤为：确定市场调研的必要性—定义问题—确立调研目标—确定调研设计方案—确定信息的类型和来源—确定收集资料的方法—问卷设计—确定抽样方案及样本容量—收集资料—资料分析—撰写最终调研报告并演示。

（4）一份完备的具有吸引力的创业计划书需注意以下两点：形式美观，内容简洁明了；执行摘要简明而生动。

（5）创业计划书在撰写时要把握下面几个原则：市场导向原则；客观实际原则；文字语言精练原则；前后一致原则；凸显竞争优势原则；方便操作执行原则；通俗易懂原则。

（6）创业计划书的撰写技巧：凸显主题；阅读对象要明确；突出竞争优势；内容具体充实；论证周密严谨；专业的分析方法；完整规范的结构。

（7）创业计划书的主要内容包括以下几点：企业的业务性质；企业的业务发展历程；企业的业务展望；企业的组织结构；企业的供应商情况；协作人员或者分包人员；企业的专利和商标。

（8）创业计划书内容要点有摘要、项目介绍、市场分析、营销策略、生产管理、管理团队、财务规划、附录。

拓展阅读

第四章

企业管理概要

在模拟企业管理之前,我们先回顾一下过去学习的管理学、战略管理、市场营销、财务管理等方面的知识,这些知识在我们的企业管理模拟中发挥着举足轻重的作用。通过模拟企业简单的日常经营活动,学生可以了解企业的实际运作流程,参与研发、采购、生产、销售、财务、人事、税务等各个环节,积累企业经营管理的相关知识和技能。企业管理又可细分为以下几个功能子模块:经营基础应用、企业开办应用、财务基础模拟、营销基础模拟、人力资源基础模拟、税务基础模拟、电商基础模拟、连锁经营模拟。

第一节 企业组织结构

企业管理涉及企业战略的制定与执行、市场营销、采购与生产管理、财务管理等多项内容。在企业中,这些职能是由不同的业务部门履行的,企业经营管理过程也是各职能部门协同工作、共同实现企业目标的过程。

一、企业组织结构种类

每个企业都有自己的组织结构。企业的组织结构是指为了实现组织的目标,在组织理论指导下,经过组织设计形成的组织内部各个部门、各个层次之间固定的排列方式,即组织内部的构成方式。常见的组织结构有如下三种。

1.直线制

直线制是一种最简单的集权式组织结构形式,又称军队式结构,如图4-1所示。其领导关系按垂直系统建立,不设立专门的职能机构,自上而下形成直线结构。直线制组织结构的优点是：结构简单、指挥系统清晰统一；责权关系明确；横向联系少，内部协调容易；信息沟通迅速，解决问题及时，管理效率比较高。它的缺点是：缺乏专业化的管理分工，经营管理事务依赖于少数人，要求企业领导人是全才。当企业规模扩大时，管理工作会超出个人能力，不利于集中精力研究企业管理的重大问题。直线制组织结构适用于规模较小或业务活动简单、稳定的企业。

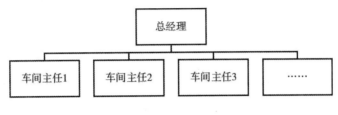

图4-1 直线制组织结构

2.职能制

职能制是一种以直线制结构为基础，在总经理领导下设置相应的职能部门，实行总经理统一指挥与职能部门参谋、指导相结合的组织结构形式，具体如图4-2所示。职能制是一种集权与分权相结合的组织结构形式。总经理对业务和职能部门均实行垂直式领导，各级直线管理人员在职权范围内对直接下属有指挥和命令的权力，并对此承担全部责任。职能管理部门是总经理的参谋和助手，没有直接指挥权，它与业务部门只是一种指导关系，而非领导关系。职能制组织结构的优点是既能保证统一指挥，又可以发挥职能管理部门的参谋、指导作用，弥补不足。它的缺点是各部门横向联系时协作比较困难，命令需要经过多个层次传达。职能制组织结构适用于规模中等的企业，随着规模的进一步扩大，企业将倾向于更多的分权。

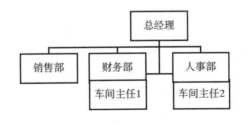

图4-2 职能制组织结构

3.事业部制

事业部制也称分权制，是一种在职能制基础上演变而成的现代企业组织结构，如图4-3所示。事业部制组织结构遵循"集中决策、分散经营"的总原则，实行集中决策指导下的分散经营,按产品、地区和顾客等标签将企业划分为若干个相对独立的经营单位,分别组成事业部。各事业部可根据需要设置相应的职能部门。它的优点是:权力下放,有利于管理高层人员从日常行政事务中解脱出来,集中精力考虑重大战略问题;各事业部集中从事某一方面的经营活动,实现高度专业化,整个企业可以容纳若干个经营特点有很大差异的事业部,形成大型联合企业。它的缺点是:容易造成机构重叠,管理人员膨胀;各事业部独立性强,考虑问题时容易忽视企业的整体利益。

事业部制组织结构适用于规模大、业务多样化、市场环境差异大、要求具有较强适应性的企业。

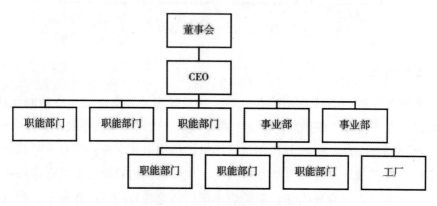

图4-3 事业部制组织结构

二、模拟企业的组织结构与职位

企业管理模拟采用了简化企业组织机构的方式,企业组织有几个主要角色代表,包括首席执行官、财务总监、市场总监、生产总监、技术总监和信息总监。该模拟企业的组织结构如图4-4所示。考虑到企业业务职能部门的划分,可以把学生按5~6人分为一组,组成一个企业,每个人扮演不同的角色。下面对每个角色的岗位职责做简单描述,以便于学生根据自身情况选择扮演相应角色。

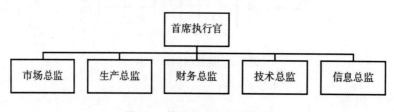

图4-4 模拟企业组织结构图

1. 首席执行官

首席执行官（CEO）应带领团队对企业的一切重大经营运作事项进行决策，包括财务、经营方向、业务范围的增减等方面。首席执行官还要主持企业的日常业务活动，负责企业运营，并对企业经营的效益、风险、成本进行分析。如果团队成员意见相左，一般由CEO决策，企业其他成员按此决策执行。

2. 市场总监

企业的利润直接由销售收入带来，因此，销售是企业生存和发展的关键，市场总监在企业中的地位不言自明。市场总监所担负的主要责任是开拓市场和销售管理。

（1）开拓市场

企业最初大都在其所在地注册，经过几年的经营，在本地市场上已站稳脚跟。在全球市场广泛开放之时，一方面要稳定企业现有市场，另一方面要积极拓展新市场，争取更大的市场空间，力求在销售量上实现增长。

（2）销售管理

销售管理是企业的主要经营业务之一，也是企业联系客户的门户。为此，市场总监应结合市场预测及客户需求制订销售计划，有选择地进行广告投放，取得与企业生产能力相匹配的客户订单，同时与生产总监做好沟通，保证按时交货给客户，监督货款的回收情况，进行客户关系管理。

3. 生产总监

生产总监是企业生产部门的核心人物，对企业的一切生产活动进行管理，并对企业的一切生产活动及产品负最终的责任。生产总监既是计划的制订者和决策者，又是生产过程的监控者，对企业目标的实现负有重大的责任，其主要工作是通过计划、组织、指挥和控制等手段实现企业制造资源的优化配置，创造最大的经济效益。

生产总监的工作范畴主要包括：负责企业生产、采购、存储及现场管理方面的工作，协调完成生产计划，维持生产的低成本稳定运行，并处理好相关外部工作关系；生产计划的制订落实及生产和能源的调度控制，保持生产正常运行，及时交货；会同技术总监进行新产品研发，扩充并改进生产设备，不断降低生产成本；做好生产车间的现场管理工作；协调处理好相关外部工作关系。

4. 财务总监

在企业中，财务与会计的职能常常是分离的，它们有着不同的目标和工作内容。会计主要负责日常现金收支管理，定期核查企业的经营状况，核算企业的经营成果，制订预算及对成本数据的分类和分析。财务的职责主要是资金的筹集、管理，做好现金预算，管好、用好资金。在企业管理模拟中将会计和财务的职能都归属财务总监，其主要任务是管好现金流，按需求支付各项费用、核算成本，按时报送财务报表并做好财务分析；进行现金预算，采用经济有效的方式筹集资金，将资金成本控制到较低水平。

5. 技术总监

企业管理模拟中技术总监的主要职责就是制订并组织实施技术系统工作目标和工作计划，与生产总监一起进行技术、产品开发与创新。

6. 信息总监

信息总监主要的工作就是收集市场信息和情报，比如对手正在开拓哪些市场，未涉足哪些市场，他们在销售上取得了多大的成功，他们拥有哪类生产线、生产能力如何等。充分了解市场、明确竞争对手的动向将有利于企业今后与之竞争与合作。

组建企业管理团队后，企业管理团队将领导企业未来的发展，在变化的市场中进行开拓，应对激烈的竞争。企业能否顺利运营取决于管理团队正确决策的能力。每个团队成员应尽可能在做出决策时充分利用相关的知识和经验，切忌匆忙行动而陷入混乱。

由于以上六种角色中技术总监和信息总监的日常工作较少，可以考虑分别由他们协助生产总监和市场总监的一部分工作。

对于有实践经验的学生来说，还可以选择与实际任职不同的职位，以体验换位思考，在课程进行的不同阶段，学生们也可以互换角色，以熟悉不同职位的工作及流程。

第二节 企 业 战 略

市场经济条件下，越来越多的企业意识到企业经营犹如在波涛汹涌的大海中航行，难免会遇到惊涛骇浪。企业要在瞬息万变的环境里生存和发展，就离不开企业战略。

一、企业战略的含义

企业战略是指在市场经济条件下,企业为谋求长期生存和发展,在充分分析外部环境和内部条件的基础上,以正确的指导思想,对企业主要目标、经营方向、重大经营方针、策略和实施步骤,做出长远的、系统的、全局的谋划。在一定的时间内,企业只能做有限的事,因此目标一定要明确。

二、企业战略的内容

1.外部环境与内部条件分析

企业要实现其作为资源转换体的职能,就需要达到外部环境和内部条件的动态平衡。要了解外部环境中哪些因素会为企业带来机遇,哪些因素会对企业构成威胁,进而了解企业内部资源条件是否充足、资源配置是否合理,只有全面把握企业的优势和劣势,才能使企业战略不脱离实际。SWOT分析法是制定企业战略时可以参照的一种方法。采用这种决策方法的根本目的是把本企业和竞争对手企业的优势、劣势、机会和威胁进行比较,然后决定某项新业务或新投资是否可行。进行SWOT分析有利于新创企业在做新业务前充分发挥长处、避免短处,以趋利避害,化劣势为优势,化挑战为机遇,即所谓的"知己知彼、百战不殆",从而降低企业的经营和投资风险。

2.战略目标

战略目标即企业在一个较长的时间里要完成什么。这个目标要体现时间限制并且可以度量,具有纲领性和现实可行性。

在"创业之星"平台的创业运营模拟系统中,参与者在整个模拟经营过程中都要明确企业的战略目标,并根据制定的战略目标,分季度逐步布局实现。

在"创业之星"开始比赛之前,选手需要确定自己所选择的战略类型。按企业成长向量划分,选手可以选择的战略包括市场渗透战略、市场发展战略、产品发展战略和多角化经营战略。

因为"创业之星"在比赛前期是需要不断开发新市场的,所以不考虑市场渗透战略和产品发展战略。如果选择市场发展战略,需要通过开拓具有相同产品需求的新消费群体,利用现有产品开辟新市场、扩大生产规模、提高生产能力、扩大销售渠道、降低生产成本,以实现战略目标。那么在比赛的第一季度就需要设计并投入生产6种产品,前三个季度不断开发新市场。在其他竞争企业产品配置相当的情况下,以6个产品开局,每个产品能够获得市场平均订单量,从而比采用别的策略开局的竞争企业在第一季度赢得较大的市场占有率。但是这一战略意味着产品的配置是最基础的，不具有竞争优势，那么为了扩大市场占有率，就需要大量的销售费用来提高市场知名度，以弥补成长系数不高的弱势。

如果选择多角化经营战略，可以通过开发新产品和新市场提高市场占有率，实现战略目标。那么在比赛的第一季度就需要投入生产4~5种产品，研发一种高端产品，并在前三个季度中不断开发新市场。虽然第一季度的销售额和市场占有率比采取市场发展战略的企业差，但是后期高端产品的价值和成长性较好，对品质型客户的吸引力更大。

在"创业之星"比赛之前，选手对于比赛中能够采取的战略以及所采取的战略应搭配的产品设计、生产规模、广告投放量、销售力度以及市场开发程度都应该做到心中有数。在第一季度的比赛中，大多数选手会在最后 10~15 分钟完成全部操作，而前面的 35~40 分钟，主要进行的都是市场情报收集和部分团队的伪策略操作。

选手可以进入销售部点击"销售报告"，在下拉选项中点击"人均收入"，这组数据给出了第一季度市场上已经完成的产品设计数量，该数据可以实时刷新。

一般我们关注的重点依次是针对品质型客户的产品设计、针对经济型客户的产品设计、针对实惠型客户的产品设计。我们可以在"人均收入"的顶栏中通过下拉选项选择各类型客户，进行单独分析。

另一种方法是选手可以进入研发部，点击"分析报告"中的"参与市场"，查看第一季度当前各组产品报价数据，这个数据也可以实时刷新。

3. 经营方向

经营方向指明了企业现在可以提供的产品与服务领域以及在未来一定时期内决定进入或退出、支持或限制的某些业务领域。它为企业活动确定了界限。

在模拟市场环境下，企业可以研发设计多种产品，以满足不同消费群体的需求。不同产品在产品设计上会有所不同，花费的成本与投入的研发时间也会有所不同。企业可以选择研发一种产品，也可以选择研发多种产品，以配合企业战略规划实行单一品牌或多品牌战略。

企业要获取绩效，首先需要研发出有竞争力且能满足用户需求的产品，并争取获取更多的订单。由于每一市场对某种产品的需求有限，企业为获取更大的利润，就需要卖出更多的产品，企业需要做出是否进行多产品研发的决策。研发部在规划产品研发时，应当注意以下问题：第一，明白企业的产品研发策略是什么；第二，知道企业从什么时候开始研发什么产品。

由于企业可以研发的产品多种多样，企业首先要做出研发哪些产品的决策。而企业的资金、人员有限，且不同阶段不同产品的市场需求不同，在刚开始时企业很难全力投入研发所有产品。企业应该根据市场需求趋势及竞争对手的情况进行合理规划。

企业对于研发产品的品种有了决策之后，需要考虑的就是什么时候开始研发以及研发什么产品的问题。不同的产品可以同时研发，也可以分别研发。企业可以根据市场、资金、人员、竞争对手情况等进行综合考虑。

4.经营策略

经营策略规定了企业如何利用其自身资源开展业务活动以实现战略目标。它应具体地规定企业管理阶层的工作程序和决策规则，研究和规划企业的经营重点，部署资源，明确企业的主要职能领域，如营销、生产、研发、人力资源、财务等各方面的工作方针及相互关系的协调方法。

彼得·德鲁克认为企业管理者的首要任务就是不停地思考企业是个什么企业，企业将是个什么企业，企业应该是个什么企业这三个命题。他将很多企业的失败都归结于管理者对这三个命题的忽视。与大中型企业的管理者相比，创业者的注意力更容易集中于客户、外部环境等战略要素方面。但是，创业者特别是没有在大中型企业工作过的创业者，常常由于缺乏必要的商业经验与技能，不能迅速完成对企业整体经营的思考。在这种情况下，系统、正规的战略思考过程对创业者的帮助是巨大的。创业者能够在不断与投资人、合作伙伴、客户等利益相关者探讨企业未来的发展方向的过程中形成相对完整的思路。

在创意阶段，甚至在商业机会的遴选阶段，直觉、天才、运气等因素可能帮助创业者完成企业的创建，也可能帮助创业者完成融资过程，但企业的持续经营却必须依赖于企业完整清晰的经营策略。从某种意义上说，创业者成立企业并不是思考战略的结束，而恰恰是思考战略的开始。许多创业者因为始终没有形成完整的经营思路，要么将企业带向了毁灭，要么只能将企业的控制权拱手让人。

5.实施步骤

实施步骤规定了一个战略目标需要分为几个阶段及每个阶段所要达到的阶段目标。战略目标是一个立足于长远发展的目标，因此不可能一蹴而就，客观上需要循序渐进，同时在战略方案的长期实施过程中，外部环境与内部资源条件不可能一成不变，分阶段实施战略目标，可以帮助企业对战略目标的实施效果进行回顾和评价，以对战略方案做出适当调整，从而更有效、更现实地追求战略目标。

三、选择战略

在企业经营模拟过程中，企业管理层通过网络、市场预测等渠道获得一定时期内有关产品、价格、市场发展情况的预测资料，结合企业现有资源情况，进行战略选择。具体包括以下问题。

① 本企业想成为什么样的企业？要考虑规模（大企业还是小企业）、生产产品（多品种还是少品种）、市场开拓（许多市场还是少量市场）、努力成为市场领导者还是市场追随者等问题及相应的原因。

② 本企业倾向于何种产品、何种市场？企业竞争的前提是资源有限，在很多情况下，放弃比不计代价的掠取更为明智，因此需要管理者决定有限的资源是在重点市场、重点产品投放还是全面铺开。

③ 企业在进行市场定位时，一方面要了解竞争对手的产品具有何种特色，另一方面要研究消费者对该产品的各种属性的重视程度。然后对这两方面进行分析，确定本企业产品的特色和形象。

市场定位的关键是企业设法在自己的产品上找出比竞争者更具有竞争优势的特性。竞争优势一般有两种基本类型。一种是价格竞争优势，就是在同样的条件下比竞争者定出更低的价格。这就要求企业采取多种措施来降低单位成本。第二种是偏好竞争优势，即提供特色产品来满足顾客的特定偏好。这就要求企业尽一切努力在产品特色上下功夫。因此，企业市场定位的全过程可以通过以下几个步骤来完成。

① 分析目标市场的现状，确认本企业潜在的竞争优势。这一步骤的中心任务是回答以下三个问题：一是竞争对手产品定位如何；二是目标市场上顾客需求满足程度如何以及顾客还有什么需求；三是针对竞争者的市场定位和潜在顾客的需求，企业应该及能够做什么。要回答这三个问题，企业市场营销人员必须通过调研手段，系统地设计、搜索、分析并报告有关上述问题的资料和研究结果。通过回答上述三个问题，企业可以把握和确定自己的潜在竞争优势在哪里。

② 准确选择竞争优势，对目标市场进行初步定位。竞争优势表明企业具有能够胜过竞争对手的能力。这种能力既可以是现有的，也可以是潜在的。选择竞争优势实际上就是一个企业与竞争者各方面实力相比较的过程。比较的指标应是一个完整的体系，只有这样，才能准确地选择相对竞争优势。通常的方法是分析、比较企业与竞争者在经营管理、技术开发、采购、生产、市场营销、财务和产品这七个方面哪些是强项，哪些是弱项。借此选出最适合本企业的优势项目，以初步确定企业在目标市场中所处的位置。

③ 显示独特的竞争优势和重新定位。企业在这一步骤的主要任务是通过一系列的宣传促销活动，将其独特的竞争优势准确传递给潜在顾客，并在顾客心目中留下

深刻印象。为此，首先，企业应使目标顾客了解、熟悉、认同、喜欢和偏爱本企业的市场定位，在顾客心目中建立与该定位一致的形象。其次，企业应通过各种努力强化目标顾客形象，保持对目标顾客的了解，稳定目标顾客的态度，加深目标顾客的感情。最后，企业应注意目标顾客对其市场定位理解出现的偏差或由于企业市场定位宣传上的失误而造成的目标顾客模糊、混乱和误会，及时纠正与市场定位不一致的形象。即使企业的产品在市场上定位很恰当，在一些情况下，也应考虑重新定位，比如竞争者推出的新产品定位于本企业产品附近，侵占了本企业产品的部分市场，使本企业产品的市场占有率下降，或者消费者的需求或偏好发生了变化，使本企业产品销售量骤减。

重新定位是指企业为已在某市场销售的产品重新确定某种形象，以改变消费者原有的认识，争取有利的市场地位的活动。如某日化厂生产婴儿洗发剂，以强调该洗发剂不刺激眼睛来吸引有婴儿的家庭。但随着出生率的下降，洗发剂销售量减少。为了增加销售，该企业将产品重新定位，强调使用该洗发剂能使头发蓬松有光泽，以吸引更多、更广泛的购买者。重新定位对于企业适应市场环境、调整市场营销战略来说是非常重要的，可以视为企业的战略转移。当然，重新定位可能导致产品的名称、价格、包装和品牌的更改，也可能导致产品用途和功能上的变动，企业必须考虑定位转移的成本和新定位的收益问题。

④ 消费者群体定位。它主要分析企业的目标顾客群有哪些。下面以手表销售为例进行说明，如表4-1所示，有四种目标顾客群体可供企业选择，不同消费群体有不同的产品需求，他们能接受的产品价值、产品功能、产品品牌、产品销售、产品口碑等侧重点各不相同。企业目前若想提升盈利计划，需要针对目标顾客群体设计研发新的产品并大力生产。

表4-1 消费群体的产品需求

消费群体	产品需求	侧重点
老年群体	对材质要求不高，佩戴舒适，对功能要求不多，有检测健康心率功能最好	产品价值>产品功能>产品品牌>产品销售>产品口碑
青少年群体	喜欢颜色鲜艳酷炫产品，待机时间越长越好，喜欢运动风格	产品功能>产品价格>产品品牌=产品口碑>产品销售
公司白领	喜欢屏幕轻薄，佩戴舒适，待机时间长，喜欢锻炼，喜欢分享定位	产品功能>产品品牌>产品价格>产品销售=产品口碑
商务人士	喜欢材质高档，待机时间长的产品，青睐新的技术	产品功能>产品品牌>产品价格=产品销售>产品口碑

⑤确定企业计划采用怎样的融资策略。资金是企业运营的基础。企业融资方式有许多种，比如银行借款、应收账款贴现、变卖固定资产、股东融资等。每种融资方式的特点及适用性都有所不同，企业在制定战略时应结合企业的发展规则，做好融资规划，以控制资金成本，保证企业的正常运营。

四、战略调整

企业战略不是一成不变的，而是根据企业内外部环境的变化和竞争对手的发展情况随时调整的。每一年经营下来，企业都要检验自身战略，并且根据以后年度的市场趋势预测，结合企业自身优势和劣势，调整既定战略。

第三节　企　业　计　划

计划是各项工作执行的依据。每年年初，CEO都要带领管理团队，在企业战略的指导下，制订销售计划、设备投资与改造计划、生产计划、采购计划、资金计划、市场开发计划及产品研发计划等。

一、销售计划

简明的销售计划至少应说明企业将生产什么产品，通过什么渠道销售，计划在什么地区销售，各产品线、地区比例如何，是否考虑促销活动等。正确制订销售计划的前提是收集必要信息，做出相关分析。这里的信息包括产品市场信息、企业自身的产能、竞争对手的情况等。

一个好的销售计划一定是符合销售组织自身特点并适用于本组织发展现状的计划。脱离实际情况的、过于宏观的销售计划会对实际的销售活动失去指导意义。一个好的销售计划同时也是一个全员参与的计划，也是被组织上下以及客户认可的计划。

二、设备投资与改造计划

设备投资与改造是提高产能、保障企业持续发展的策略之一，企业进行设备投资时需要考虑以下因素：市场上对各种产品的需求状况；企业目前的产能；新产品的研发进程；设备投资分析；新设备用于生产何种产品，所需资金来源，设备安装地点；设备上线的大体时间及所需物料储备。

三、生产计划

企业主要有五个生产计划层次，即经营规划、销售与运作规划、主生产计划、物料需求计划和能力需求计划。这五个层次的计划实现了由宏观到微观、由粗到细的深化过程。主生产计划是宏观向微观的过渡性计划，是沟通企业前方（市场、销售等需方）和后方（制造、供应等供方）的重要环节。物料需求计划是主生产计划的具体化，同时要运行能力需求计划以保证物料需求计划的顺利执行。从数据处理逻辑上讲，主生产计划与其他计划层次之间的关系如图4-5所示。

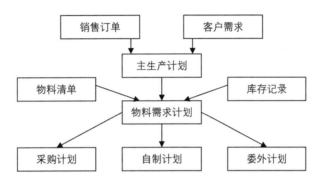

图4-5 主生产计划与其他计划层次之间的关系

其中，主生产计划要回答生产什么、生产多少、何时生产的问题（A）；物料清单要回答用什么来生产的问题（B）；库存记录要回答本企业已经有什么的问题（C）；物料需求计划回答还应得到什么的问题（D）。它们共同构成了制造业的基本方程：$A \times B - C = D$

四、采购计划

采购计划要回答三个问题：采购什么？采购多少？何时采购？

1. 采购什么？

从图4-5中不难看出，采购计划的制订与物料需求计划直接相关，并可直接上溯到主生产计划。主生产计划减去产品库存，并按照产品的BOM结构（Bill of Material）展开，根据物料清单计算各种原料的最迟需求时间和半成品的最迟生产时间。BOM是产品的物料构成清单，是整个生产管理的核心基础数据，反映了产品由原材料到半成品，再到成品的加工装配过程。物料清单是否准确、是否及时齐全，直接影响到市场、商务、计划、生产等相关业务的运作。这样就可以得知为满足生产所需还要哪些物料，哪些可以自制，哪些必须外包，哪些需要采购。

2. 采购多少?

明确了采购什么之后,还要计算采购多少。这与物料库存和采购批量有直接联系。

3. 何时采购?

要达到既不出现物料短缺,又不出现库存积压的管理目标,就要考虑采购提前期、采购政策等相关因素。

五、资金计划

企业中成本费用的支付需要资金,各项投资需要资金,到期还债需要资金,如果没有一个准确详尽的资金预算,企业将会顾此失彼,因此,企业每年年初做现金预测是非常必要的。

六、市场开发计划

市场开发计划覆盖现有产品的定位和市场推广战略,包括产品定位和价格策略,企业要给市场明确的信息,告知消费者本企业的产品与竞争对手相比优势体现在哪里。

七、产品研发计划

公司新产品的研发计划即根据市场的需要,决定未来几年企业向市场提供什么新产品,其工作重点是发现创新的源泉。

第四节　内部流程及控制

内部控制一般是由企业董事会(或者由企业章程规定的经理、厂长办公会等类似的决策或治理机构,以下简称董事会)、管理层和全体员工共同实施的、旨在合理保证实现企业基本目标的一系列控制活动。在企业经营模拟中,企业要想更好地规避财务风险,实现企业的长远发展,就必须做好财务预算,并在编制预算时充分考虑财务风险对企业的影响,通过财务预算安排好资金的使用。

财务预算着眼于企业资金的运用,同时指导企业的筹资活动,并使企业合理安排财务结构。财务预算的核心是现金预算。现金预算通过对现金持有量的安排,使企业保持较高的盈利水平，同时保持一定的资金流动性，并根据企业资产的运用水平决定负债的种类结构和期限结构。而在企业规划财务预算之前要先进行全面预算管理。

一、全面预算管理

全面预算管理是一种整合性管理系统，具有全面控制的能力。全面预算管理是企业提高经济效益的有效途径，是现代企业管理科学化的重要标志。因此，研究全面预算管理，对于提高企业的管理水平和应变能力，具有十分重要的意义。全面预算管理是针对企业预算管理实施的集计划和控制于一体的管理活动，反映了企业未来某一特定期间的全部生产、经营活动的财务计划。它以实现企业的目标利润为目的，以销售预测为起点，进而对生产、成本及现金收支等进行预测，并编制预计损益表、预计现金流量表和预计资产负债表，反映企业在未来期间的财务状况和经营成果。

全面预算管理自20世纪20年代在美国的通用电气、杜邦、通用汽车企业产生之后，从最初的计划、协调，发展到现在的兼具控制、激励、评价等诸多功能的一种综合贯彻企业经营战略的管理工具，全面预算管理在企业内部控制中日益发挥核心作用。

全面预算是由一系列预算构成的体系，各项预算之间相互联系。图4-6反映了预算编制的顺序以及各预算间的主要联系。

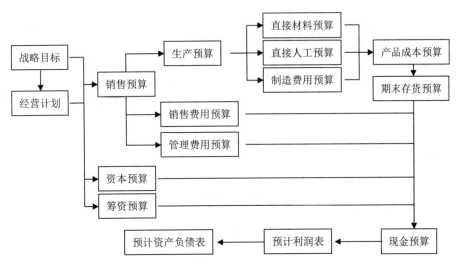

图4-6　预算编制的顺序以及各预算间的主要联系

企业应根据长期市场预测和生产能力，编制长期销售预算，以此为基础，确定本年度的销售预算，并根据企业财力确定资本支出预算。销售预算是年度预算的编制起点，根据以销定产的原则确定生产预算，同时确定所需要的销售费用。生产预算的编制，除了考虑计划销售量外，还要考虑现有存货和期末存货。根据生产预算来确定直接材料预算、直接人工预算和制造费用预算。产品成本预算和现金预算是有关预算的汇总。预计利润表和预计资产负债表是全面预算的综合。

实施预算管理对企业有着重要的意义：可以提升企业自身战略管理能力；可以进行有效的监控与考核；可以高效使用企业资源；可以有效管理经营风险；可以提升企业收入、节约成本。

二、现金预算的编制

现金预算是指用于预测企业还有多少库存现金，以及在不同时间点对现金支出的需要量。现金预算是企业最重要的一项控制，因为将可用的现金偿付到期的债务是企业生存的首要条件。一旦出现库存、机器以及其他非现金资产的积压，那么，即便有了可观的利润也并不能给企业带来什么好处。现金预算还表明可用的超额现金量，并能为盈余制订营利性投资计划，为优化配置组织的现金资源提供帮助。

现金预算的具体内容包括以下几点。

1.销售预算

只要商品经济存在，企业就必须实行以销定产。因此，销售预算成为编制全面预算的关键，是整个预算的起点，其他预算都以销售预算为基础。

2.生产预算

生产预算是在销售预算的基础上编制的，其主要内容包括销售量、期初和期末存货、生产量等。由于存在许多不确定因素，企业的生产和销售在时间和数量上不能完全一致。

3.直接材料预算

直接材料预算是以生产预算为基础编制的，同时要考虑原材料存货水平。直接材料预算的主要内容包括直接材料的单位产品用量、生产需求用量、期初和期末存货量等。

4.直接人工预算

直接人工预算也是以生产预算为基础编制的，其主要内容包括预计产量、单位产品工时、人工总工时、每小时人工成本和人工总成本。

5.制造费用预算

制造费用可分为变动制造费用和固定制造费用两种。其中,变动制造费用预算以生产预算为基础来编制,可根据预计生产量和预计的变动制造费用分配率来计算。

6.产品成本预算

产品成本预算是生产预算、直接材料预算、直接人工预算和制造费用预算的汇总。其主要内容是产品的单位成本和总成本。

7.销售费用和管理费用预算

销售费用预算是为了实现销售预算所需支付的费用预算。它以销售预算为基础,要分析销售收入、销售利润和销售费用的关系,力求实现销售费用的最有效使用。

8.现金预算

现金预算是有关预算的汇总,由现金收入、现金支出、现金多余或不足、资金的筹集和运用四个部分组成。

现金收入包括期初现金余额和预算期内的现金收入,现金收入的主要来源是销售收入。其中,期初现金余额是在编制预算时预计的;预算期内的现金收入主要是指销售收入,其数据可从销售预算中获得。

现金支出包括预算期内的直接材料、直接人工、制造费用、销售与管理费用、现金预算所得税、购置设备、股利分配等各项现金支出。其中,直接材料、直接人工、制造费用、销售与管理费用可以直接从相关的预算中获得,现金预算所得税、购置设备、股利分配需要根据企业以往的经验数据获得。

现金多余或不足是现金收入合计与现金支出合计的差额。差额为正,说明收入大于支出,现金有多余,可用于偿还借款或进行短期投资;差额为负,说明支出大于收入,现金不足,需要向银行申请新的借款。

资金的筹集与运用是在国家当前法规和政策许可的条件下,以财务费用最经济为原则,探索寻求和比较分析资金的各种来源,力求最合理、最经济地配合项目各个时期的现金流量进行借款、使用和偿还的整个过程。企业可以通过各种渠道筹措资金,在实际业务中可以根据企业自身的状况自行选择。如果企业的投资项目收益预期较高,企业又不愿意把利润分割出去,同时具备一定的抗风险能力,企业资金筹措就可以选择银行贷款;如果投资项目风险较高,企业想降低风险,则可以通过引进战略投资者等渠道来实现筹资。筹资方式也是多样化的，企业亦可根据自身状况进行不同的选择。常见的有预算期内向银行借款、还款、支付利息、短期投资、投资收回等。

现金预算通过对企业的现金收入、支出情况的预计推算出企业预算期的现金结余情况。如果现金不足，则提前安排筹资，避免企业在需要资金时"饥不择食"；如果现金多余，则可以提前归还贷款或对有价证券进行投资，以增加收益。

第五节 企业开办应用

一、实训目的

让学生了解企业经营之前的企业设立须知，以更好地理解企业设立的相关知识与方法，并掌握创业初期注册企业的流程。

二、实训原理

掌握企业注册环节的法律知识，对照企业注册的流程图对企业设立初期注册企业的环节填制表格，掌握创业准备各个环节的内容。

三、实训设备及工具

管理决策模拟综合实训室，"创业之星"电子沙盘软件，多媒体设备，屏幕广播软件，计算机。

四、实训内容及步骤

1.实训内容

企业开办应用是以各种仿真窗口互动的形式模拟开办注册一个创业企业，内置的开办流程完全对接了国内目前最新的工商注册政策法规，体现了最新的简化了的行政审批流程及企业开办三证合一的新内容。

2.实训步骤

（1）实训介绍及规则讲解

在正式开始实训前，教师会为所有学生介绍本实训的基本情况及实训规则。学生也可以通过系统中的引导查看实训的相关说明。本实训是模拟一家创业企业的注册流程，了解创业注册的相关知识点。在企业注册的各个流程中，熟悉相关材料的准备、各业务办理的相应地点、在各业务办理过程中需要填写的相关表格以及表格填写规范等，通过模拟实训让学生掌握设立开办企业所必需的各类资质材料的整理能力。

本次实训中学生将扮演一位创业者，注册成立创业市开拓科技有限公司，企业地址位于创业市开拓路188号金茂大厦A座18楼1801室，该企业包括学生在内有4名自然人股东，其他三位为兰天、于浩、秦风，企业实际注册资金为500万元，其中学生扮演的创业者出资200万元，其他三人各出资100万元，学生担任企业CEO。

（2）实训准备

实训是一个工商注册模拟实训应用，系统内置一个标准的有限责任公司的开办流程，学生需要根据应用内置的背景资料，在课前完成教师下发的企业注册相关知识和流程的材料自学任务。

（3）启动应用

该应用可以通过教学引导的授课方式和学生引导的自学方式开启。学生端开启后应用后初始化界面和主界面如图4-7和图4-8所示。

图4-7 企业开办应用——学生端初始化界面

图4-8 企业开办应用——学生端主界面

3.开办流程

点击"工商注册流程"按钮,即进入具体开办流程界面,如图4-9所示。

图4-9 企业开办应用——开办流程界面

(1)租赁办公场地

点击创业大厦"租赁办公场地"图标即进入这一流程,可以按相关房屋租赁合同,提交系统所需材料,单击"完成准备"按钮进入后续环节(见图4-10),然后单击"确定",去创业大厦物业企业办理相关租赁手续(见图4-11)。

图4-10 企业开办应用——租赁办公场地

图4-11 企业开办应用——签订租赁合同

（2）撰写企业章程

点击我的企业"撰写企业章程"即进入这一流程进行本企业章程的撰写（见图4-12）。企业章程是指企业依法指定的，规定企业名称、住所、经营范围、经营管理制度等重大事项的基本文件。它也是关于企业组织和行为的基本规范，它不仅是企业的自治法规，而且是国家管理企业的重要依据。学生在该流程中，需要召开企业的股东会议，并与股东讨论决定企业的章程，并以书面的形式确定下来。

业务办理页面右侧有四个按钮，分别是"上移""下移""表单说明"和"打开表单"。其中的"表单说明"是对此次需要填写内容的进一步说明，学生如果不清楚如何填写可以先查看这里以后再根据提示填写相应表单。

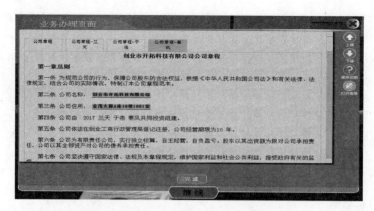

图4-12　企业开办应用——撰写企业章程

（3）指定代表证明

注册企业后续的一系列业务需要一个指定代表去办理，也就是企业股东需要指定一个代表进行业务办理。股东们在讨论选举一个代表之后，要签署一份共同委托代理人证明，同时需要附上身份证复印件。学生在系统中查看相关指定代表合同，填写相关内容，签订合同后，单击右边的"保存"按钮即可完成这一流程（见图4-13）。

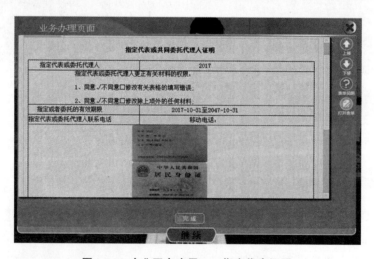

图4-13　企业开办应用——指定代表证明

（4）名称预先审核

企业名称预先审核所需的材料有身份证原件及复印件各一份、指定代表证明原件及复印件各一份。所需材料准备齐全后，可前往工商行政管理局进行业务办理。填写相关内容，提交申请，名称预先审核通过之后，领取名称预先审核通知单，并交纳相关费用，业务即办理成功，单击保存，即可完成本流程任务（见图4-14至图4-16）。

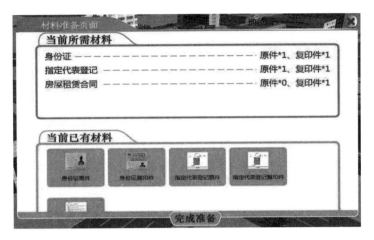

图4-14　企业开办应用——查看所需资料

图4-15　企业开办应用——工商局出具相关资料

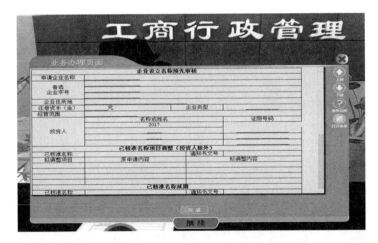

图4-16　企业开办应用——企业设立名称预先审核

（5）首次股东会议

点击查看首次股东会议记录，主持人和全体董事签字后，单击完成按钮，即可完成这一流程（见图4-17）。

（6）首次董事会

全体董事查看董事会记录。全体董事签字后，单击完成按钮，即可完成这一流程（见图4-18）。

（7）首次监事会

查看首次监事会会议记录，全体监事签字后，单击完成按钮，即可完成这一流程（见图4-19）。

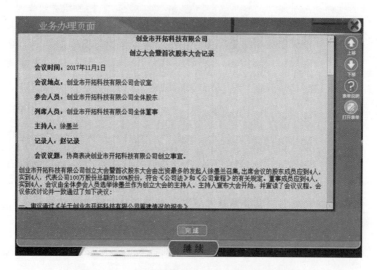

图4-17　企业开办应用——首次股东会议

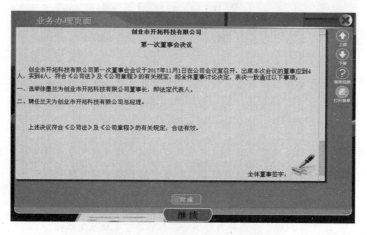

图4-18　企业开办应用——首次董事会

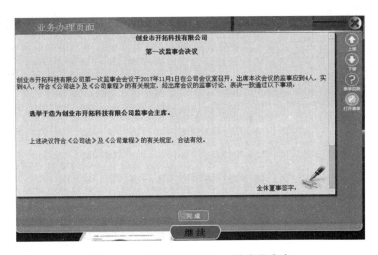

图4-19 企业开办应用——首次监事会

(8) 法定代表人信息表

查看填写法定代表人信息表,法定代表人签字后,单击完成按钮,即可完成这一流程(见图4-20)。

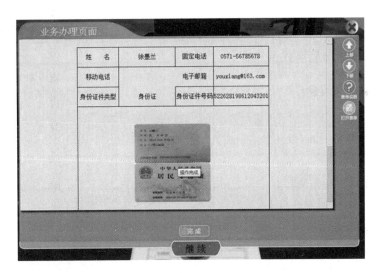

图4-20 企业开办应用——法定代表人信息表

(9) 董事监事经理信息

查看填写董事监事经理表,签字后,单击完成按钮,即可完成这一流程(见图4-21)。

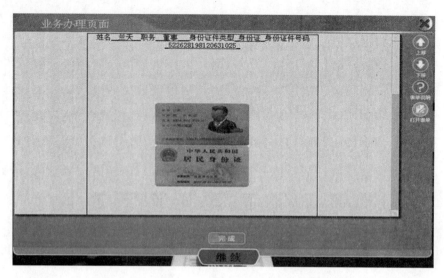

图4-21 企业开办应用——董事监事经理信息

（10）股东出资情况表

查看所需准备材料，去银行办理相关注资手续，填写相关表格，单击完成按钮，即可完成这一流程（见图4-22和图4-23）。

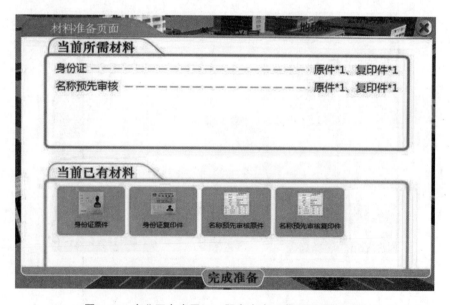

图4-22 企业开办应用——股东出资环节所需准备材料

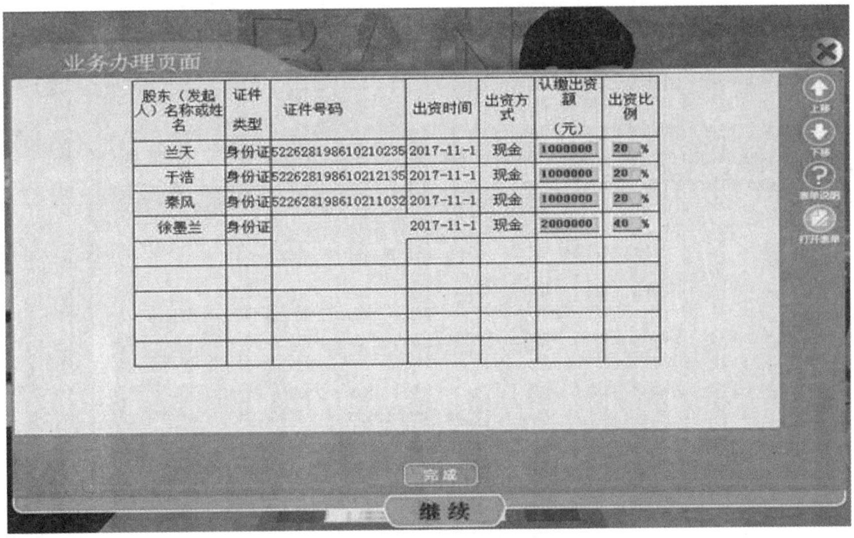

图4-23 企业开办应用——股东出资情况

(11) 财务负责人信息表

查看填写财务负责人信息表,财务负责人签字后,单击完成按钮,即可完成这一流程(见图4-24)。

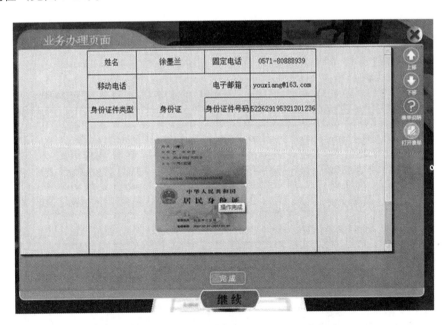

图4-24 企业开办应用——财务负责人信息表

（12）联络人信息表

查看填写联络人信息表，联络人签字后，单击完成按钮，即可完成这一流程（见图4-25）。

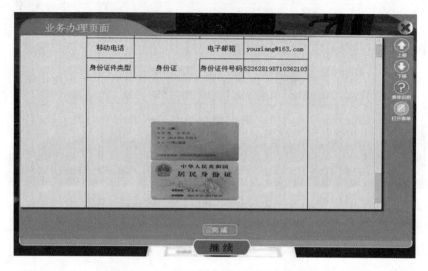

图4-25　企业开办应用——联络人信息表

（13）企业设立申请

查看所需准备材料，然后去工商行政管理局办理相关业务，填写相关文件。签字后，单击完成按钮，即可完成这一流程（见图4-26和图4-27）。

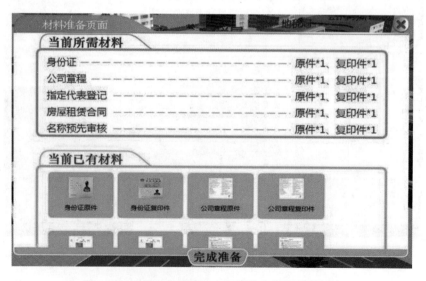

图4-26　企业开办应用——企业设立申请所需资料

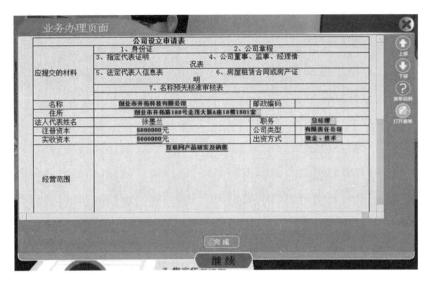

图4-27 企业开办应用——企业设立申请表

（14）办理营业执照

查看所需准备材料，然后去工商行政管理局办理相关业务，填写相关文件。签字后，单击完成按钮，即可完成这一流程（见图4-28）。

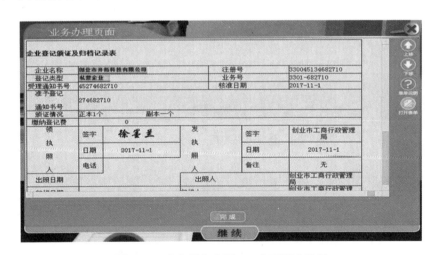

图4-28 企业开办应用——办理营业执照

（15）刻制企业印章

查看所需准备材料，然后去刻章店刻制相关企业印章，印章一共需要刻制三枚，分别是企业章、财务章和法人章，查看相关公章，准确无误后单击完成按钮，即可完成这一流程（见图4-29和图4-30）。

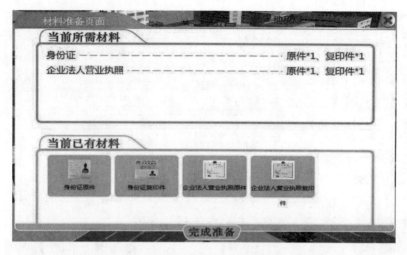

图4-29 企业开办应用——刻制企业印章所需资料

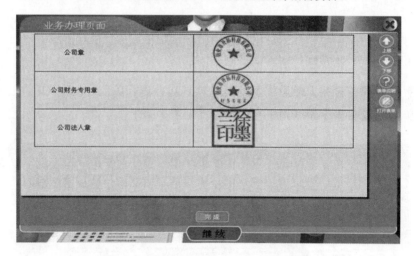

图4-30 企业开办应用——刻制企业印章

（16）开设银行账户

查看所需准备材料，去银行办理相关业务，填写相关表格，单击完成按钮，即可完成这一流程（见图4-31和图4-32）。

（17）社会保险登记

查看所需准备材料，去社保局办理相关业务，填写相关表格，交纳相关费用，单击完成按钮，即可完成这一流程（见图4-33和图4-34）。

（18）社会保险开户

查看所需准备材料，去社保局办理相关业务，填写相关表格，交纳相关费用，单击完成按钮，即可完成这一流程（见图4-35和图4-36）。

图4-31 企业开办应用——开设银行账户所需资料

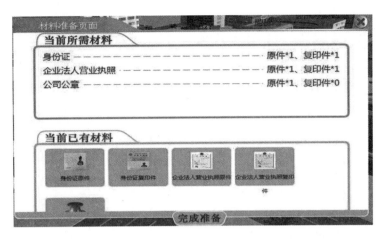

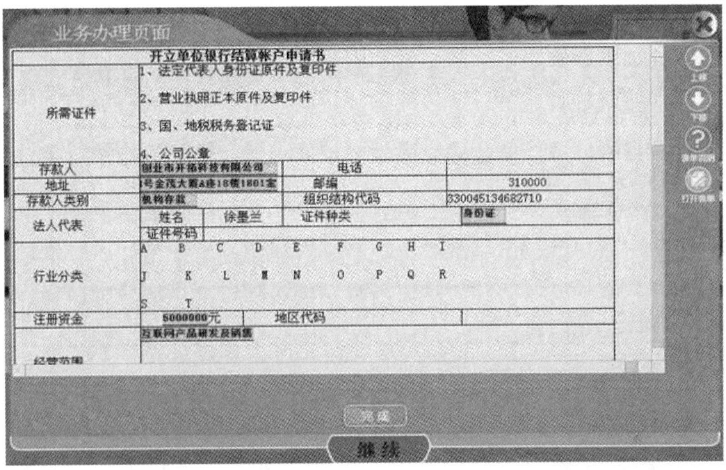

图4-32 企业开办应用——开立单位银行结算账户申请书

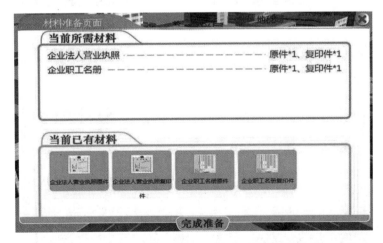

图4-33 企业开办应用——社会保险登记所需资料

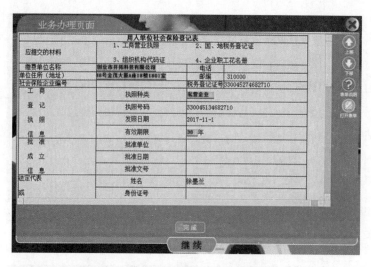

图4-34 企业开办应用——社会保险登记

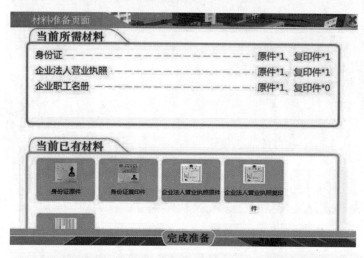

图4-35 企业开办应用——社会保险开户所需资料

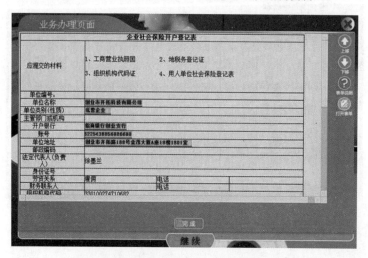

图4-36 企业开办应用——社会保险开户

本章小结

（1）企业常见的组织结构有三种——直线制、职能制和事业部制。

（2）企业战略的内容包括：外部环境与内部条件分析；战略目标；经营方向；经营策略；实施步骤。

（3）企业计划包括销售计划、设备投资与改造计划、生产计划、采购计划、资金计划、市场开发计划及产品研发计划等。

（4）全面预算管理是一种整合性管理系统，具有全面控制的能力。全面预算管理是企业提高经济效益的有效途径，是现代企业管理科学化的重要标志。

（5）现金预算的具体内容包括以下几点：销售预算；生产预算；直接材料预算；直接人工预算；制造费用预算；产品成本预算；销售费用和管理费用预算；现金预算。

拓展阅读

第五章

企业竞争规则

企业是社会经济的基本单位,企业的发展要受自身条件和外部环境的制约。企业的经营不仅要遵守国家的各项法规及行政管理规定,还要遵守行业内的各种约定。在开始模拟竞争之前,管理层必须了解并熟悉这些规则,才能做到合法经营,才能在竞争中求生存、求发展。

第一节 企业经营要点

企业是指从事商品生产、流通和服务等活动,为满足社会需要和盈利,进行自主经营,自负盈亏,具有法人资格的经济组织。

经营是指企业以市场为对象,以商品生产和商品交换为手段,为了实现企业的目标,使企业的投资、生产、销售等经济活动与企业的外部环境保持动态均衡的一系列有组织的活动。

作为一个以盈利为目的的组织,企业管理的目标可概括为企业生存、企业发展和企业盈利。

一、企业生存

在创业模拟实训中,所有创业团队首先要对背景资料与商业环境进行全面深入的分析,并在此基础上制定企业的经营规划。大部分新创企业都是从相同的起点开始,拥有差不多的资源,在同一个竞争环境下进行竞争发展,并最终努力提升企业的平衡计分卡分数。平衡计分卡分数是最终评价企业成败的标准,它涉及企业经营的各个主要方面。企业需要根据自己的长短期发展目标制定相应的经营战略,合理运用资源,把握市场商机,创造竞争优势,并追求平衡计分卡分数的最大化。

企业在市场上生存下来的基本条件有两个：一是以收抵支；二是到期还债。如果企业出现以下两种情况，就将宣告破产。

1. 资不抵债

如果企业所取得的收入不足以弥补其支出，导致所有者权益为负，企业即将破产。

2. 现金断流

如果企业的负债到期，无力偿还，企业就会破产。

在经营模拟中一旦破产条件成立，可有以下三种处理方式：第一，如果企业盘面能让股东或债权人看到一线希望，股东可能增资，债权人可能债转股；第二，企业联合或兼并；第三，破产清算。

二、企业发展

企业的生存发展同一个生命的有机体一样，也会经历初创、成长、发展、成熟、衰退等阶段，即企业发展的生命周期。"创业之星"的第三大功能模块就是让学生实战模拟企业的运营管理，围绕企业发展的生命周期，制定各项决策，并最终推动企业成长壮大。

创业管理环节是本系统的核心部分，也是训练和提升大学生创业能力的关键部分。通过对真实企业的仿真模拟，所有参加训练的学生分成若干小组，组建若干虚拟公司。每个小组的成员分别担任虚拟公司的总经理、财务经理、营销经理、生产经理、研发经理、人力资源经理等职位，并承担相关的管理工作，通过对市场环境与背景资料的分析讨论，完成企业运营过程中的各项决策，包括战略规划、品牌设计、营销策略、市场开发、产品计划、生产规划、融资策略、成本分析等。通过团队成员的努力，努力使公司实现既定的战略目标，并在市场竞争中脱颖而出。

在整个模拟运营过程中，教师将担任裁判、客户、银行、工商、税务等所有公司经营中可能面对的其他部门与机构。教师控制整个模拟运营的进程与规则，并在运营过程中指导学生如何分析与思考，并针对学生的实际经营情况进行分析点评，帮助学生发现经营管理中的问题，寻找改进策略，努力提升绩效。

中华全国工商联合会在2005年发布了首部《中国民营企业发展报告》蓝皮书。蓝皮书系统回顾了我国民营企业20多年的发展史，也对当前民营企业发展的现状做了详尽描述。蓝皮书指出，全国每年新生15万家民营企业，同时倒闭10万多家，有60%的民企在5年内破产，有85%的在10年内倒闭，其平均寿命只有2.9年。

成功的创业是相似的，而失败的创业各有各的不同。创业者需要通过对所在行业背景的深入分析，根据自身的实际情况，综合考虑行业背景、资金实力、团队情况、核心优势等，选择最合适的创业模式，同时坚定信心，整合资源，使企业在竞争激烈的市场环境中获得稳步成长。从初始阶段的创业生存到发展阶段的快速扩张，创业者需要凭借自己的努力与智慧，把握企业发展每个阶段的关键点，把握每一次商机，并不断突破成长。

实施成本领先战略的关键是做好企业发展的长期规划与销售预测。根据发展规划制订原料的批量采购计划，从而大幅降低原料成本；同时在满足销售供货的前提下，对企业生产能力进行优化生产组合，仔细分析生产线的产能情况，对生产线的性能进行改造升级，对生产工人的生产能力进行培训提升，从而尽可能降低产品的单位制造成本。通过规模化的生产运作，帮助企业有效降低产品成本，为实施成本领先战略打好基础。

三、企业盈利

1. 企业盈利的途径

企业经营的最终目标之一是追求利润的最大化，即实现盈利。而从损益表中的利润构成中不难看出盈利的两个主要途径：一是扩大销售（开源）；二是控制成本（节流）。

（1）扩大销售

利润主要来自销售收入，而销售收入由销售数量和产品单价两个因素决定。提高销售数量有以下几种方式：其一，扩张现有市场，开拓新市场；其二，研发新产品；其三，扩建或改造生产设施，提高产能；其四，合理加大广告投放力度，进行品牌宣传。产品单价受很多因素制约，但企业可以选择单价较高的产品进行生产。

（2）控制成本

产品成本分为直接成本和间接成本，控制成本也就包括降低直接成本和降低间接成本。

①降低直接成本。直接成本主要包括构成产品的原料费和加工费。在企业经营模拟中，原料费由产品的物料清单决定，在不考虑替代材料的情况下，原料费一般没有降低的空间。但需要注意的是，不同生产线生产同一产品的加工费可能是不同的，因此产品的直接成本在某些情况下是变动的。

②降低间接成本。从节约成本的角度出发，可以把间接成本区分为投资性支出和费用性支出两类。投资性支出包括购买厂房、投资新的生产线等，这些投资是为了扩大企业的生产能力而必须发生的；费用性支出包括营销广告、贷款利息等，这些成本通过有效筹划是可以节约一部分的。

2.评价企业盈利能力的指标

在财务报表中评价企业盈利能力的指标主要有销售毛利率、销售净利率、净资产收益率、总资产报酬率、成本费用利润率等。

（1）销售毛利率

销售毛利率是毛利占销售收入的百分比，简称为毛利率。计算公式为：

$$销售毛利率 = 销售毛利 / 销售收入 \times 100\%$$
$$= (销售收入 - 销售成本) / 销售收入 \times 100\%$$

销售毛利率表示每一元销售收入扣除销售产品或商品成本后，有多少钱可以用于各项期间费用和形成盈利。毛利率是企业销售净利率的最初基础，如果企业没有足够大的毛利率便不能盈利。

（2）销售净利率

销售净利率是净利润占销售收入的百分比，简称净利率。计算公式为：

$$销售净利率 = 净利润 / 销售收入 \times 100\%$$

该指标反映每一元销售收入带来的净利润的多少，表示销售收入的收益水平。它与净利润呈正比关系，与销售收入呈反比关系，企业在增加销售收入额的同时，必须相应地获得更多的净利润，这样才能使销售净利率保持不变或有所提高。通过分析销售净利率的升降变动，可以促使企业在扩大销售的同时，注意改进经营管理方式，提高盈利水平。

（3）净资产收益率

净资产收益率是指企业在一定时期内的净利润同平均净资产的比率。计算公式为：

$$净资产收益率 = 净利润 / 平均净资产 \times 100\%$$

净资产收益率充分体现了投资者投入企业的自有资本获取净收益的能力，突出反映了投资与报酬的关系，是评价企业资本经营效益的核心指标。净资产收益率越高，企业自有资本获取收益的能力越强，运营效益越好，对企业投资人、债权人的利益保证程度越高。

(4) 总资产报酬率

总资产报酬率是指企业在一定时期内获得的息税前利润总额与平均资产总额的比率。计算公式为：

$$总资产报酬率＝息税前利润总额/平均资产总额×100\%$$

总资产报酬率表示企业包括净资产和负债在内的全部资产的总体获利能力，是评价企业资产运营效益的重要指标。

总资产报酬率越高，表明资产利用效率越高，说明企业在增加收入、节约资金使用等方面取得了良好的效果；该指标越低，说明企业资产利用效率低，企业应分析差异原因，提高销售利润率，加速资金周转，提高企业经营管理水平。

(5) 成本费用利润率

成本费用利润率是企业在一定时期内的利润总额同成本费用总额的比率。计算公式为：

$$成本费用利润率＝利润总额/成本费用总额×100\%$$

成本费用利润率表明每付出一元成本费用可获得多少利润，体现了经营耗费所带来的经营成果。该项指标越高，利润就越大，企业的经济效益就越好。

第二节　企业经营目标规划

企业的生存和发展离不开市场这个大环境，谁能赢得市场，谁才能在竞争中取胜。市场是瞬息万变的，而变化增强了竞争的对抗性和复杂性。

一、召开企业经营会议

企业正式组建成立后，首先应该召开企业经营会议，讨论发展战略，并根据企业初始资金的情况做好现金预算管理与各阶段盈利预测工作。

企业经营会议由各企业的总经理组织召开。会议主要内容包括：企业整体竞争策略及经营计划；研发部业务特点及其发展规划；市场部业务特点及其发展规划；销售部业务特点及其发展规划；制造部业务特点及其发展规划；财务部业务特点及其发展规划；人力资源部业务特点及其发展规划。

企业成立后的第一次经营会议至关重要，它决定了企业的整体运营思路与经营战略，关系到后面运营的所有任务如何有效开展的问题。通过制定整体经营规划，可以让管理团队成员在经营过程中做到心中有数，知道自己什么时候应该做什么以及为什么要这样做，可以有效避免经营过程中决策的随意性和盲目性，减少错误决策与经营失误；同时，在制定整体规划时，各部门经理已经就各项决策达成了共识，可以使企业的各项经营活动有条不紊地进行，可以有效提高团队的战斗力和向心力，使团队成员之间更加团结、协调。

企业经营会议涉及企业的发展战略规划、人力资源规划、产品规划、营销规划、生产规划、财务规划等。要做出科学合理的规划，企业应当结合目前和未来的市场需求、竞争对手可能采取的策略以及本企业的实际情况进行。在规划时，企业首先应当对市场研究报告进行深入分析，包括用户需求状况、市场竞争形势等，对市场进行较为准确的预测，包括预测各个市场产品的需求情况和价格水平，预测竞争对手可能的市场策略与产品策略。在此基础上，各部门经理针对本部门的情况提出具体的工作规划。管理团队针对各部门提出的规划进行综合讨论，在充分考虑各方面因素和权衡利弊后，做好企业整体经营规划，制定企业的战略发展目标。

二、企业经营目标规划

企业强大的竞争力不仅来自产品的高质量、低成本及优质的售后服务，而且在于其市场竞争战略、新产品开发战略和企业经营战略的正确实施。正所谓"不谋全局者不足谋一隅"，全局的成功在于对各个方面的谋划。

1.企业战略

企业成立后召开的第一次经营会议的重要内容之一就是制定企业的战略及发展目标。战略不明，企业将无法确定前进的方向。企业战略决定和提示企业的目的与目标，提出实现目的的重大方针与计划，确定企业应该从事的经营业务，明确企业的经营类型与组织结构，以及企业内部的资源配置。

在"创业之星"中，模拟企业的战略制定主要包括两个层次：企业级经营战略和职能级战略。首先制订好企业级经营战略，然后根据企业的阶段目标与发展规划，制定各个职能部门的经营战略，包括人力资源部、研发部、营销部、客服部、财务部等。根据企业各方面的资源情况，包括人、财、物，合理分配资源。各职能部门的资源配置与战略规划为整个企业的战略目标的实现服务。各职能部门在制定战略时应首先解决以下两个问题：第一，我们职能部门如何为企业战略选择与实施做出相应的贡献；第二，如何实现这些贡献。

2.市场营销战略

市场营销战略是企业最重要的战略之一，有效的市场营销战略是企业成功的基础。市场营销活动涉及市场调研和预测、分析市场需求、确定目标市场、制定营销战略、实施与控制具体营销战略的全过程。市场营销战略决定了企业市场营销的主要活动和主要方向，其基本内容包括市场细分战略、市场选择战略、市场进入战略等。

（1）市场细分战略

市场细分是根据购买者对产品或营销组合的不同需要，将市场划分为不同的子目标市场，并且针对子目标市场的共性，调整营销战略，以更有效地满足消费者需求，实现企业使命、目标和战略的过程。在模拟系统中共有七个大的区域市场可供开发，不同的区域市场客户的需求会有所差异，同时它们对产品的价格承受能力也不同。选择哪些细分市场进入并发展，是市场营销战略首先要解决的问题。

（2）市场选择战略

所有企业都可以针对不同的消费群体研发生产不同类的产品。企业在市场、产品上可以有多种选择方案——是选择某些市场和某些产品进入，走市场集中化或产品专业化的道路，还是全面进入大部分细分市场，为所有客户提供他们需要的产品？不同的市场选择策略会导致企业在资源配置方面有很大的不同。

（3）市场进入战略

一般来说，企业最好一次只进入一个细分市场，使竞争对手无法预测企业要进入的下一个细分市场，从而有利于企业整个进入战略的实现。当然，如果企业具备充足的资源，能够支撑企业在市场上全面开展，也可以选择多个细分市场同时进入，以快速占领市场、抢占先机。

3.产品战略

不同区域市场都有从低到高的不同层次的产品可供研发生产。产品不仅要适应市场，还要引领市场。企业要有超前意识，按市场发展趋势不断开发新产品；这就需要从全局视角谋划产品发展，制定产品战略。企业的产品战略应保持持续性创新、颠覆性创新、开放性创新，以提升产品的竞争力与性价比，在市场竞争中保持领先地位。

4.人力资源战略

企业战略的实施也需要人力资源的支撑与保障。在人力资源开发与管理活动中，应从企业战略目标出发，以战略为指导，确保人力资源政策的正确性和有效性。

通过科学分析预测组织在未来环境变化中人力资源的供给与需求状况，制定必要的人力资源获取、利用、保持和开发策略，确保组织在需要的时间和需要的岗位上对人力资源在数量上和质量上的需求得以满足，使组织和个人获得不断的发展与利益，是企业发展战略的重要组成部分。企业要根据自身战略规划及经营目标，确定各部门各阶段所需人员的数量与质量要求，人力资源的一个基本工作是通过人才市场获取相应的人员，以满足各部门运转需要。

5.财务战略

财务战略指的是为谋求企业资金均衡有效的流动和实现企业整体战略，增强企业财务竞争优势，在分析企业内外环境因素对资金流动影响的基础上，对企业资金流动进行全局性、长期性与创造性的谋划，并确保其顺利执行的过程。财务部门的工作同样要在企业总体战略与经营目标的引导下展开。

财务战略包括投资战略、融资战略、财务管理三大内容。制定合理的财务战略目的在于提升企业财务系统对环境的适应性，提升企业整体的协调性，从而促进企业协同效应的发展，同时通过着眼于长远利益与整体绩效，创造并维持企业的财务优势，进而为企业创造新的投资环境。

第三节 企业经营战略规划

一、企业发展方向

公司发展方向是指公司为谋求长期生存和发展，在分析研究外部环境和内部条件的基础上，以正确的指导思想，对企业使命、目标、经营方向、重大经营方针，以及策略和实施步骤进行长期、系统、全面的谋划。

在"创业之星"模拟平台中，制订模拟企业的战略主要包括两个层次：企业级整体经营战略和职能级经营战略。首先制定企业级整体经营战略，再根据企业的阶段目标与发展规划，制定各个职能部门的职能级经营战略，这里的职能部门包括人力资源部、研发部、营销部、客服部、财务部等。

企业战略是对企业各种战略的统称，其中既包括竞争战略，也包括营销战略、发展战略、品牌战略、融资战略等。企业战略虽然有多种，但其基本属性是相同的，都是对企业整体性、长期性、基本性问题的谋划。

"创业之星"模拟创业平台虽然以真实的经营环境为基础，但为了便于学生学习与训练，其对模拟的商业环境进行了适当的简化处理，以控制整个训练系统的难度与复杂度，使参加训练的学生能够在有限的时间内，快速掌握创业的全过程，领会创业的真谛。因此，在"创业之星"模拟创业平台中，企业的竞争战略一般有两种可选择：一是成本领先战略；二是差异化战略。

1.成本领先战略

成本领先战略也称低成本战略，是"竞争战略之父"迈克尔·波特（Michael E. Porter）提出的三种通用战略中最为清楚明了的。在这种战略的指导下，企业决定成为所在产业中实行低成本生产的厂家。如果一个企业能够取得并保持全面的成本领先地位，那么它只要能使价格等同或接近该产业的平均价格水平，就会成为所在产业中高于平均水平的"超群者"。当成本领先的企业的价格相当于或低于其竞争厂商时，它的低成本优势就会转化为高收益。然而，一个在成本上占领先地位的企业不能忽视使产品别具一格的基础，一旦成本领先的企业的产品在客户眼里不被看作与其他竞争厂商的产品不相上下或可被接受时，它就要被迫削减价格，使之大大低于竞争厂商的水平以增加销售额。这就可能抵消了它有利的成本优势所带来的好处。

尽管成本领先的企业是依赖其成本上的领先地位来取得竞争优势的，但它要成为经济效益高于平均水平的超群者，还必须与其竞争厂商相比，在产品别具一格的基础上取得价值相等或价值近似的有利地位。产品别具一格基础上的价值相等使成本领先的企业得以将其成本优势直接转化为高于竞争厂商的利润；产品别具一格基础上的价值近似意味着为取得令人满意的市场占有率所必需的降低幅度还不至于冲销成本领先企业的成本优势，因此，成本领先企业能赚取高于平均水平的收益。

成本领先战略的成功取决于企业日复一日地实施该战略的技能。成本不会自动下降，也不会偶然下降，它是企业艰苦努力和持之以恒重视成本工作的结果。企业降低成本的能力有所不同，甚至当它们具有相似的规模、相似的累计产量或由相似的政策指导时也是如此。要改善相对成本的地位，与其说需要在战略上做出重大转变，不如说需要管理人员给予更多的重视。

成本领先战略主要是通过取得规模经济效益和市场占有率，使企业全部成本低于竞争对手的总成本。在"创业之星"模拟创业平台中，企业的成本主要包括以下几部分：变动原料采购成本；分摊的制造成本；企业其他固定成本。在企业的房租、研发费用、行政管理费用等固定成本没有太大变化的情况下，通过批量采购原料和生产规模的扩大，可以有效地降低单位产品的成本（原料采购成本和分摊的制造成本）。一般而言，越是高端的生产设备，其性价比越高，单位产品的生产成本越低，因此，企业在扩张过程中应尽可能配置高端的生产设备，并通过设备升级和员工培训，不断提升设备产能与成品率，从而进一步降低生产成本。资金的回笼推动企业进一步扩大产能，以继续深入贯彻实施低成本战略。在其他方面相同的情况下，较低的生产成本可以帮助企业以较低的价格参与竞争，获取价格优势，并迅速占领市场，获得较高的市场占有率。

在实施成本领先战略时需要注意以下事项。

(1) 目标市场有足够的需求发展空间

企业需要对目标市场有充分的了解和深入的分析，在目标市场足够大的情况下，企业不断扩张的产能所生产出来的产品才能够销售出去。在这种情况下，企业通过扩张产能来降低成本的目标才可能实现。如果目标市场并不大，或者有过多的竞争对手，企业扩张产能可能会导致大量的库存产品积压，从而大量占用企业的现金流，影响企业的正常运营。长此以往，企业为了扭转困境，只能调整战略，并大幅降价清理库存，回笼资金，如果处理不好，将严重影响企业的运营发展。

(2) 防止降价过度导致利润率下降

成本领先战略并不一定就是价格领先，虽然企业通过规模生产使产品的单位成本较低，但如果一味地通过低价格策略抢占市场，而没有充分考虑企业产品的生产成本，则可能会因为价格过低而导致企业利润率下降。

在"创业之星"模拟创业平台中，还要注意不同消费群体对产品销售价格的敏感度。在模拟市场中，存在多种消费群体，不同的消费群体对价格的敏感度不一样。某些消费群体可能更为关注的是产品的功能或企业的品牌知名度，对这类消费群体而言，降低产品的售价对拉动产品销量来说，并不是最为有效的方法。企业在制定价格策略时要充分考虑到这一点。企业通过实施成本领先战略，使单位产品的成本较其他企业更低，从而有更强的议价能力。价格的降低可以促进产品的销售，但同时降价也会导致产品的毛利率下降。从最终销售获取的利润来看，如果要获取同样的利润，产品价格下降所带来的利润损失必须通过销售量增加所带来的利润来弥补。

(3) 保持对市场变化的预见能力

市场在竞争中不断发展变化。企业要保持持久的成本领先优势，必须对市场的发展与竞争有较强的预见能力。宏观环境的变化会引起企业生存环境的调整，竞争对手的策略会影响市场供求的均衡。只有对未来市场的变化走势做到心中有数，并灵活调整应对策略，才能使企业在竞争中始终立于不败之地。

（4）新加入者可能后来居上

实施成本领先战略的关键是做好企业发展的长期规划与销售预测。根据发展规划制订原料的批量采购计划，从而大幅降低原料成本；同时在满足销售供货的前提下，对企业生产能力进行优化生产组合，仔细分析生产线的产能情况，对生产线的性能进行改造升级，对生产工人的生产能力进行培训提升，从而尽可能降低产品的单位制造成本。企业要通过规模化的生产运作，有效降低产品成本，为实施成本领先战略打好基础。

对竞争对手来说，要实施成本领先战略也并不难，它们同样可以通过批量采购与优化生产的方式来降低生产成本，因此，企业在贯彻成本领先战略的过程中，要随时注意竞争对手可能也采取成本领先战略，甚至在成本控制上比本企业做得更好。基于此，企业除了保持成本领先外，还应增强其他方面的综合竞争力，不能为了降低成本而降低成本。最终企业间的竞争是综合实力的竞争，企业应保持应有的产品研发、市场开发、质量控制、广告宣传等方面的投入，在控制成本的同时，不断增强企业的竞争能力与应变能力。

2.差异化战略

差异化战略也称差别化战略，是将企业提供的产品或服务差异化，形成一些在全产业范围内具有独特性的东西。实现差异化战略可以有许多方式，如产品差异化、市场差异化等。最理想的情况是企业使自己在几个方面都差异化。应当强调的是，差异化战略并不意味着企业可以忽略成本，只是此时成本不是企业的首要战略目标。

如果差异化战略成功地实施了，它就成为在一个产业中赢得高水平收益的积极战略，实现产品差异化有时会与争取占领更大的市场份额相矛盾。它往往要求企业对于这一战略的排他性有思想准备，即这一战略与提高市场份额两者可能不可兼得。建立企业差异化战略的活动总是伴随着很高的成本代价，如更好地满足消费者需求的产品设计与功能配置，有时即便全产业范围的顾客都了解企业的独特优点，也并不是所有顾客都愿意或有能力支付企业要求的高价格。

实施差异化战略主要可以从产品差异化和市场差异化两方面展开。

（1）产品差异化

产品差异化是指企业更加专注于某类消费群体的产品研究开发，尽可能满足消费者的需求，并及时改进，以获得更多此类消费者的青睐。采取这一策略可以使该品牌产品有更强的竞争力，同时产品的成本也会高于其他竞争对手。企业可以通过更多的销量或较高的产品价格来获取更高的回报。

（2）市场差异化

市场差异化是指企业可以集中兵力主攻某些市场，在这些市场上投入更多的广告宣传，安排更多的销售人员，以尽可能占领这些细分市场，获取超额回报。在采取这种策略时，要注意市场的未来发展潜力及目前的竞争形势。只有竞争不是非常激烈且未来增长走势较为明显的细分市场，采取这种差异化策略才会更加有效。

由于企业内部资源有限，成本领先战略与差异化战略往往难以兼顾。与其四面出击，不如集中力量打歼灭战。在"创业之星"模拟创业平台，学生可以以一种战略为主、另一种战略为辅的方式，根据竞争形势灵活应变。两种战略各有优势，在"创业之星"模拟创业实践中都可以取得较好的效果；而具体哪种战略更好，需要团队成员根据企业所处环境与企业本身的具体情况而定，没有一成不变的模式。

二、市场战略

市场战略可以分为市场细分战略、市场选择战略和市场进入战略等。

1.市场细分战略

市场细分的程序一般包括调查阶段、分析阶段、细分阶段。细分阶段主要是细分消费者市场，具体包括地理细分、人口细分、心理细分和行为细分等。其中，地理细分包括国家、地区、城市、农村、气候、地形等因素；人口细分包括年龄、性别、职业、收入、教育、家庭人口、家庭类型、家庭生命周期、国籍、民族、宗教、社会阶层等；心理细分包括社会阶层、生活方式、个性等；行为细分包括时机、追求利益、使用者地位、产品使用率、忠诚程度、购买准备阶段、态度等。

市场细分不是根据产品品种、产品系列来进行的，而是从消费者（这里的消费者指最终消费者和工业生产者）的角度进行划分的，是根据市场细分的理论基础，即消费者的需求、动机、购买行为的多元性和差异性来划分的。市场细分对企业的生产、营销起着极其重要的作用。

(1) 有利于选择目标市场和制定市场营销策略

市场细分后的子市场比较具体，企业比较容易了解消费者的需求，可以根据企业自身经营思想、方针及生产技术和营销力量，确定服务对象，即目标市场。较小的目标市场便于企业制定特殊的营销策略。同时，在细分后的市场上，消费者的信息容易被了解和反馈，一旦消费者的需求发生变化，企业可迅速改变营销策略，制定相应的对策，以适应市场需求的变化，提高企业的应变力和竞争力。

(2) 有利于发掘市场机会，开拓新市场

通过市场细分，企业可以对每一个细分市场的购买潜力、满足程度、竞争情况等进行分析对比，探索出有利于本企业的市场机会，使企业及时做出投产、移地销售决策或根据本企业的生产技术条件编制新产品开拓计划，进行必要的产品技术储备，掌握产品更新换代的主动权，开拓新市场，以更好地适应市场的需要。

(3) 有利于集中人力、物力投入目标市场

任何一个企业的人力、物力都是有限的。通过细分市场，企业可以选择适合自己的目标市场，集中人力、物力，先争取局部市场上的优势，再占领自己的目标市场。

(4) 有利于企业提高经济效益

前面三个方面的作用都能使企业提高经济效益。除此之外，企业通过市场细分，可以面向自己的目标市场，生产出适销对路的产品，既满足市场需要，又增加企业的收入。产品适销对路可以加速商品流转，加大生产批量，降低企业的生产销售成本，提高生产工人的劳动熟练程度，提高产品质量，全面提高企业的经济效益。

市场细分的步骤如下。

① 选定产品市场范围。企业应明确自己在某行业中的产品市场范围，并以此作为制定市场开拓战略的依据。

② 列举潜在顾客的需求。可从地理、人口、心理等方面列出影响产品市场需求和顾客购买行为的各项变数。

③ 分析潜在顾客的不同需求。企业应对不同的潜在顾客进行抽样调查，并对所列出的需求变数进行评估，了解顾客的共同需求。

④ 制定相应的营销策略。企业要调查、分析、评估各细分市场，最终确定企业

可进入的细分市场,并制定相应的营销策略。

在评估各种不同的细分市场时,企业必须考虑两个因素:一是细分市场结构对企业的吸引力;二是企业的目标和资源。首先,企业必须了解潜在的细分市场结构是否对企业有吸引力,例如它的大小、成长性、盈利率、规模经济、风险性等。其次,企业必须考虑对细分市场的投资与企业的目标和资源是否一致。某些细分市场结构虽然对企业有较大吸引力,但不符合企业长远发展目标,因此不得不放弃。或者,如果企业在某个细分市场缺乏提供优质价值的竞争能力,就应放弃该细分市场。

2.市场选择战略

企业对不同细分市场进行评估后,可考虑以下五种目标市场模式。

(1) 密集单一市场

密集单一市场即企业通过密集单一营销,更加了解该细分市场的需要,进而在该细分市场建立稳固的市场地位。另外,企业通过生产、销售和促销的专业化分工,也获得了一定的经济效益。如果细分市场补缺得当,企业的投资便可获得高回报。

然而,密集单一市场模式比其他模式风险更大,因为个别细分市场可能出现不景气的情况。

(2) 有选择的专门化

有选择的专门化即企业选择若干个细分市场,其中每个细分市场都有吸引力并符合企业发展要求。各细分市场之间很少有联系,然而,每个细分市场都有可能盈利。这种细分市场目标有较大的优势,因为可以分散企业的风险。

(3) 产品专门化

产品专门化即企业集中生产一种产品,并向各类顾客销售这种产品。通过这种模式,企业可以在某个产品方面赢得很好的声誉。但这种模式的劣势在于,如果产品被一种全新的产品或技术所代替,就会产生危机。

(4) 市场专门化

市场专门化即企业专门为满足某个顾客群体的各种需要而服务。企业专门为这个顾客群体服务,从而获得良好的声誉,并成为这个顾客群体所需各种新产品的销售代理商。这种模式的劣势在于，如果顾客突然削减预算经费，企业就会陷入危机。

（5）完全覆盖市场

一般来说，一个企业想用各种产品满足各种顾客群体的需求是很难的，因此只有大企业才能采用完全覆盖市场模式。大企业可用两种主要的方法，即无差异营销和差异营销，达到覆盖整个市场的目的。

在无差异营销中，企业可以不考虑细分市场间的区别，仅推出一种产品来覆盖整个市场。为此，企业设计一种产品、制定一种营销计划来吸引大多数的购买者。它凭借广泛的销售渠道和大规模的广告宣传，让该产品在人们心中刻下一个超级深的印象。狭窄的产品线可以降低生产、存货和运输成本；无差异的广告方案可缩减广告成本；不进行细分市场的营销调研和计划工作，又可以降低营销调研和产品管理的成本。

在差异营销中，企业同时经营几个细分市场，并为每个细分市场设计不同的产品。差异营销一般能比无差异营销创造更大的总销售额。然而，差异营销也会增加经营的成本，比如，产品修改成本、生产成本、管理成本、存货成本、促销成本等。差异营销在使销售额增加的同时，也使得成本增加，因此事先难以预测这种战略的盈利率。

3.市场进入战略

市场进入战略指企业为了使产品顺利地进入目标市场，而对进入方式和进入渠道所采取的策略。在目标市场选定后，选择正确的市场进入战略对企业实现市场目标而言极为重要。

市场进入战略的常用做法有以下几种。

① 前期进驻低成本区域设厂，减少配送成本。

② 快速抢占市场，市场细分化，更好地服务消费者。

③ 持续降低运输费用，降低销售成本，使市场价格合理化，更好地吸引消费者，从而抢占市场。

④ 采用区域特性的务实营销策略，开拓营销新路，使企业得以在区域生存和发展。

三、产品战略

企业创办后，首先要解决的问题就是企业要做什么，以及怎样去做。针对企业所面临的市场环境，分析消费者的需求，了解整个市场的竞争态势与发展潜力，是企业制定发展战略与经营规划的基本任务。

在"创业之星"模拟创业平台中，有多类消费群体。每类消费群体有不同的需求偏好，他们在采购产品时的关注要素也不相同。一般来说，消费者主要从以下五方面来评价和选购产品：产品价格、产品品牌、功能配置、用户口碑和销售力量，不同的消费群体所关注的各项因素的权重不同。某类消费群体对各方面的关注度如图5-1所示。

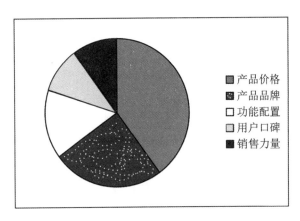

图5-1　某类消费群体对各方面的关注度

1.产品价格

产品价格指的是针对该类消费群体销售的产品的售价。在所有同类的产品中，价格越低越能获得消费者的认可，购买的人也会越多。但价格也不是越低越好。在这里主要有两个因素需要考虑：一是过低的价格可能使企业无利可图，直接导致做得越多、亏得越多，这不是企业追求的目标，因此，在制定价格时应先分析产品的生产成本；二是过低的价格虽然能提升产品销量，但产品的毛利率会下降，企业整体的盈利能力取决于降价增加销量带来的收益能否弥补利润率下降带来的损失。

企业可能会根据市场产品价格决定要进入的市场，也可以根据市场需求决定进入哪个市场，还可以综合考虑两个因素选择要进入的市场。

消费者总希望以更少的钱购买更多或更好的产品，因此价格是一个非常有用的竞争工具。当然，企业可以将产品价格定得很低，但必须能以收抵支、赚取利润。这个问题的解决办法之一就是大量生产并销售。如果企业大量生产，产品的单位成本将急速下降，这使企业可以以较低的价格出售产品，并通过营销策略使顾客产生购买需求。

2.产品品牌

产品的市场知名度对提升其销售量也有重要的影响。产品品牌的知名度由企业在该品牌上投放的广告金额决定。一般来说,企业在该品牌产品上的累计广告投放越多,产品品牌的知名度就越高,产品就越能获得消费者的认可,对销售的促进作用也越明显。需要注意的是,广告并不是投放越多越好,广告效应是边际递减的。另外,随着时间推移,以往投放的广告效应也在不断减弱。为了巩固该品牌的知名度,企业需要持续进行广告宣传投入。

要做好产品品牌的设计和研发工作,研发部应与企业的营销部门密切配合,以用户的需求为出发点,充分考虑消费者的需求情况,同时考虑该领域市场的规模大小及未来的发展潜力。

3.功能配置

有的消费者会比较看重产品的功能配置,对价格因素的敏感度反而较低。这类追求产品品质的消费者在选择产品时会更多地受到配置符合自己的需要或配置功能更齐全的产品吸引。每个产品都由多种物料构成,企业在设计产品时,可以从成本角度考虑,也可以从吸引用户青睐的角度来考虑。产品的设计越符合消费者需要,就越能获得消费者的认可。

4.用户口碑

口碑传播有着强大的生命力,它不仅能够让消费者反复使用产品,而且能够让消费者把自己的感受、评价告诉别人。因此,每个企业都应该主动积极地为自己树立良好的形象,努力塑造良好的用户口碑。

企业要塑造良好的用户口碑,首先要重视消费者的体验,"用户至上、体验至上",好的产品体验会让消费者好感度倍增,并将其推荐给身边人;其次要重视意见领袖推荐,自媒体时代,意见领袖能够为消费者过滤筛选无用信息,为消费者提供更权威、更专业的购买决策参考;再次要打造故事,注重内容传播,要想让产品的传播因子更有持续性和传播力,就需要品牌背后有一个好的故事、好的内容作支撑,正所谓"好的品牌自己会说话";最后要靠服务打动人心,把口碑做到极致,让消费者赞不绝口,在优秀产品的基础上,通过无微不至的用户关怀和服务来提升品牌竞争力。[1]

---

[1] 《如何塑造口碑,让消费者"自愿"成为品牌传播者》,2019年5月23日。https://www.hizcn.com/thread-1-4156.html。

5.销售力量

在营销组合策略中,人员是一项重要的销售要素。企业所生产的产品都需要派驻在各个市场的销售人员去销售给客户。与其他竞争对手相比,一般来讲,同一市场上的销售人员配备越多,销售能力就越强,带来的销售业绩就会越高。

当然,这些因素总体而言对消费者都有影响,企业的资源有限,如何平衡各方面的投入,使企业以合理的投入来实现既定的销售目标是各个企业都需要思考的问题。特别是针对不同的消费群体,由于他们关注的各项因素不同,企业在制定营销策略时也应有所不同。比如,针对高端消费者应注重产品功能的改进和完善,而针对低端消费者则应考虑如何控制生产成本并以较低的价格进行销售。只有针对消费者的关注重点展开营销工作,才能更好地促进产品的销量,提升企业的绩效。

四、品牌战略

品牌是目标消费者及公众对于某一特定事物心理的和生理的,带有综合性和肯定性的感受和评价的结晶。品牌战略就是企业将品牌作为核心竞争力,以获取差别利润与价值的企业经营战略。品牌战略的确立应该围绕企业的竞争实力来进行,企业要根据自己的情况、行业的特点、市场的发展、产品的特征,灵活地探寻合适的品牌战略。

1.产品品牌

"创业之星"模拟创业平台允许企业设计多个产品品牌。不同的消费者需求各不相同,企业设计生产的产品要想赢得消费者的青睐,首先要分析消费者的需求情况,设计符合消费者需求的产品。企业可以针对不同的消费者设计不同的产品品牌,也可以针对同一类消费者设计多个产品品牌,以更好地覆盖该类消费者,从而最大限度地提高产品在这类消费群体中的市场占有率。

(1)单一品牌战略

单一品牌又称统一品牌,是指企业所生产的所有产品同时使用一个品牌。这样在企业不同的产品之间形成了一种最强的品牌结构协同,使品牌资产在完整意义上得到最充分的共享。单一品牌战略的优势不言而喻,企业可以集中力量塑造一个品牌形象。单一品牌的一个优势就是品牌宣传的成本低,这里的成本不仅仅指市场宣传、广告费用的成本,同时还包括品牌管理的成本,以及消费者认知的清晰程度。单一品牌战略更能集中体现企业的意志,容易形成市场竞争的核心要素,避免消费者在认知上产生混淆。

但是单一品牌战略也存在一定的风险。如果该品牌下的产品并不是消费者喜爱的,可能直接影响企业在这类市场上的销售情况。同时,单一品牌也缺少区分度,差异性差,无法更好地满足不同消费需求,不便于消费者进行有针对性的选择。

(2) 多品牌战略

一个企业同时经营两个以上相互独立、彼此没有联系的品牌,就是多品牌战略。企业使用多种品牌,不仅仅是为了与其他的商品生产者区分开,也包括区分自己的不同商品,为消费者提供更多的选择。多品牌战略为每个品牌都营造了一个独立的成长空间。

多品牌战略的优点很明显:它可以根据功能或者价格的差异进行产品划分,这样有利于企业占领更多的市场份额,满足消费者的更多需求;多品牌彼此之间看似竞争的关系,实际上很有可能壮大了企业整体的竞争实力,增加了市场的整体占有率;避免产品性能之间的影响。而且,多品牌战略可以分散风险,防止某一产品品牌销售出现问题而直接影响整个企业的发展。

多品牌战略的缺点则在于宣传费用高昂,企业打造一个知名的品牌需要人力、财力、物力等多方面的配合,如果想成功打造多个品牌,自然要有高昂的投入作为代价,同时,多个品牌彼此竞争,使企业的品牌管理成本过高,也容易让消费者产生混淆。

在具体实践中,应根据商业背景及竞争情况来灵活把握品牌战略,之后通过消费者的反馈信息,来检验产品设计及品牌战略的得失情况,并进行相应的调整。

2.产品管理

在"创业之星"模拟创业平台中,企业产品管理主要体现在新产品市场进入的问题上。

(1) 进入时机

一方面,企业在新产品市场进入时往往面临产能不足的问题,如果一开始就大举进入新市场容易造成生产成本较大幅度的上升,这往往是很多企业进入新市场时较为顾忌的一点;另一方面,如果等到产能协调好以后再进入新市场,竞争的壁垒就会高很多,因为一旦竞争对手进入市场,企业再想抢占同样的市场份额就会付出更多的成本。这时候,对先进入带来的生产成本的增加与后进入付出的更多营销成本之间的比较和权衡就决定了进入市场的时机。前者更大就后进入,反之就先进入。一般而言,先进入时生产成本的增加是可以计算出来的,而后进入时壁垒增加带来的营销成本的上升是难以估计的,会因为竞争对手的情况不同而变化,预期决策的风险很大,因此企业在资源充足的情况下,应尽量更早地进入新市场,以免失去战略机会,带来更大的风险。

(2) 产品生命周期

不同情况下的新市场所处的生命周期的阶段是不一样的,如图5-2所示,在导入期,销售量缓慢上升,初期通常利润偏低或为负数;在发展期,销售量快速增长,利润也显著增加;在成熟期,利润在达到顶点后逐渐走下坡路;在衰退期,产品销售量逐渐降低,利润也缓慢滑落。企业在首次进入市场的时候就要注意这种差别,因为这会影响到新市场预测的准确性。在分析了新市场所处的生命周期阶段以后,企业要分析的是新市场在接下来几轮模拟经营中发展所面临的问题。一般而言,根据产品的生命周期理论,新市场总会有一个成长到成熟的过程,这个过程中开始的增长快于后期的增长。企业要根据市场生命周期基点,分析市场以后几轮的发展趋势,推断以后各轮经营过程中新市场增长带来的订单量的增长。至于不同的生命周期阶段会实现怎样的订单量,则要通过前几轮的经营数据来进行分析和总结。

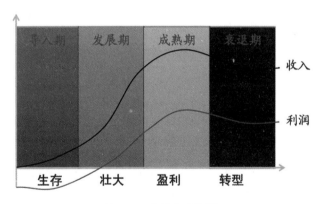

图5-2 产品生命周期

(3) 市场大小结构

知道市场生命周期基点只是知道了市场所处的生命阶段,是一个相对数的概念,然而相对数最后要换算为绝对值就需要找一个基数。企业可以根据已知的市场结合模拟经营之初的预测报告来推断新市场可能的市场容量。

3.新产品开发的战略管理

企业开发新产品的战略竞争领域一般会有多个目标。按照这些目标的指向可以将其分为以下两类。

(1) 发展型的目标

这一类目标涉及企业的销售额和利润率。进行新产品开发的企业制定发展型的目标是为了促进企业未来的销售额和利润的增长，并增强企业的竞争力。按照目标的进展快慢程度，又可以将发展型的目标划分为以下几种。

① 迅速发展型目标。这类目标要求企业迅速开发新产品，迅速将开发出来的新产品投放到市场中，让企业尽快地扩大生产规模，以更快的速度占领新的市场。对于那些能够迅速成长的市场和产品来讲，由于其得到回报的概率会大于那些成长相对缓慢的市场和产品，将这类产品定位于迅速发展型是较为合适的。总之，这类目标的最大特征就是"求快"，在整个开发新产品的过程中企业都应该保持一种"闪电式"的作风。

② 受控发展型目标。受控发展型目标不像迅速发展型目标那样要求新产品开发企业以速度取胜。这类目标从节省投资和降低风险的角度出发，要求企业逐步开发出新产品，扩大企业的生产规模，从而占领更大领域的市场。这类目标比起迅速发展型目标来，显得更为"人性化"，它不再一味地追求速度，而是将市场的接受程度列入企业的考虑范围之内，要求企业开发新产品的速度与市场可以接受的程度相适应，与市场的竞争状况相适应。总之，受控发展型目标的最大特点就是"求稳"，要求企业在稳定中发展，因此对于那些不愿意承担高风险的企业来讲，受控发展型目标是一个不错的选择。

③ 维持现状型发展目标。维持现状型发展目标旨在对现有的产品进行持续的改进。它通过对开发的新产品所做的持续而有效的更新，维持新产品开发企业的竞争力。总之，维持现状型发展目标的最大特点就是"求保"，它是那些安于现状的企业所追求的目标，适用于一些变动不是很大的新产品的开发。

④ 受控收缩型目标。如果说前几类目标还有"发展"的字眼可以紧紧跟随的话，受控收缩型目标的最大特征则可以表述为"不求上进"。那些以受控收缩型目标为新产品开发目标的企业和那些定位于受控收缩型目标的新产品都面临着开发资金随时会被抽回的"危险"。企业会根据本企业发展的需要将抽出来的资金用于其他领域的业务计划中。受控收缩型目标在传统领域里新产品开发活动中比较常见。

(2) 市场型的目标

随着新产品开发机制的日益成熟，企业开发新产品的能力将会一步步得到提升。这样新产品投放市场后将会很快发挥并增强自身的竞争优势，而新产品竞争优势的增强又会使得企业在未来市场上的地位得到提升。由此可见，新产品开发企业想要确定本企业的市场目标也可以参照对企业构成竞争威胁的大小来判断。比较常见的新产品开发的市场目标可以分为以下几种。

① 以开拓新的市场为目标。如果原来的产品市场需求已经趋于饱和,这时再花很多的精力去开发市场准入难的产品,实在是一件费力不讨好的事。正是考虑到这个因素,许多企业将市场目标定位在开拓新的市场上。这些企业通过开发全新的产品来创造新的市场机会,占领新的市场。这类市场目标的特征可以概括为"求拓"。

② 以提高市场占有率为目标。如果原来的产品市场还存在很大的利润空间,企业就没有必要去开发全新的产品和市场。因为对企业来说,利用原来市场中成熟的竞争力远比培养一种新的竞争力方便得多。这类目标是一种进攻型的市场目标。企业通过开发那些创新程度高或者差别优势相对大的新产品,或者是开发竞争对手的替代产品,来争夺市场份额,从而达到提升企业市场占有率的目的。这类市场目标的特征可以概括为"求升"。

③ 以维持市场占有率为目标。这类目标不像以上两种目标那样"咄咄逼人",它旨在维持本企业在市场上的占有率,而不是去与竞争者争夺地盘。这类是防御型的市场目标,新产品开发企业主要通过开发替代型的新产品来维持产品在市场上的竞争力,保持市场份额。这类市场目标的特征可以概括为"求保"。

④ 以放弃市场占有率为目标。如果原有的产品市场已经不再适合企业对其做进一步的投入,企业可以毅然决然地将其放弃,转而进行其他领域的业务计划。企业不应该把精力浪费在衰弱的、过时的业务上。通过放弃那些不再具备成长潜力的产品业务,企业可以释放其所需的资源和减少成本,将注意力集中在那些更具发展前景的业务单元上。这类市场目标的特征可以概括为"求弃"。

综上所述,企业开发新产品的战略目标有很大差异,有时甚至有很大冲突。任何一个企业都不可能同时将以上所有目标收归囊中,因此企业必须根据本企业的特点和发展前景来选择其中的一种或者多种战略目标。

五、市场营销战略

1.市场营销组合

市场营销组合是企业在选定的目标市场上,综合考虑环境、能力、竞争状况等企业自身可以控制的因素,加以最佳组合和运用,以完成企业的目标与任务。市场营销组合要素包括产品、价格、渠道和促销。

市场营销组合是企业市场营销战略的一个重要组成部分,是指将企业可控的基本营销措施组成一个整体性活动。市场营销的主要目的是满足消费者的需求，而消费者的需求很多，企业满足消费者需求所采取的措施也可以有很多。因此，企业在开展市场营销活动时，必须把握那些基本性措施，将其进行合理组合，并充分发挥整体优势和效果。

市场营销组合是制定企业营销战略的基础，做好市场营销组合工作可以保证企业从整体上满足消费者的需求。市场营销组合是企业应对竞争的强有力手段，也是合理分配企业营销预算费用的依据。

在市场发展的不同阶段，市场营销组合的具体策略如表5-1所示。

表5-1 市场营销组合的具体策略

营销组合 \ 生命周期阶段	导入期	发展期	成熟期	衰退期
产品	保证用户对产品的了解	保证质量、加强服务	改进质量、扩大用途	改造产品或淘汰产品
价格	按新产品定价	适当调价	充分考虑竞争价格	降价
渠道	寻找适合的中间商	逐步扩大销售渠道	充分利用各种渠道	充分利用中间商
促销	介绍产品	宣传产品品牌	宣传用户好评	保持用户对产品的信任

产品从面世到被市场淘汰的整个过程决定着企业在不同阶段要采用不同的营销组合策略，但市场营销组合策略也不是消极被动的，要充分考虑市场竞争的激烈程度。比如衰退期的市场，如果其他竞争对手都撤离了，市场竞争反而不那么激烈，企业在这种情况下有时可以反其道而行，通过广告宣传的拉动作用，避开其他竞争激烈的市场，反而可能会取得意想不到的效果。

在"创业之星"模拟创业平台中，不同的消费者在购买产品时的决策行为均不相同，有的消费者非常看重价格，有的消费者更看重产品的功能配置。企业在制定营销组合策略时应针对不同的消费群体，制定相应的营销策略，以更加有效地发挥营销组合的作用，实现企业的既定销售目标。

（1）定价策略

市场需求是影响产品定价的一个重要因素，企业产品的价格高低，直接受到市场需求的牵动。在"创业之星"模拟创业平台中，可以采取需求定价策略，即根据市场需求的强弱力参照系，来确定本企业产品价格的高低。消费者总体上还是比较关注价格的，不同的消费者拥有不同的价格的敏感度，消费者的敏感度越高，降价对刺激消费者购买发挥的作用就越明显。

当市场需求旺盛、供不应求时，企业可以把产品价格定得高一些，以增强产品价格的盈利能力。至于具体高到什么程度，一般情况下，以基本满足市场需求，销售量不明显减少，企业市场占有份额不明显降低为限。同时，高额定价所带来的高额利润，可能会引起大量的潜在竞争对手介入，对本企业产品的未来销售市场构成潜在威胁，这一点也是企业决定采取高价政策时所应考虑到的一个重要因素。

当市场需求疲软、供大于求，本企业产品销售不畅时，应把产品价格定得低一些，以增强产品的竞争能力。至于具体低到什么程度，一般情况下，以满足企业最低盈利需要为前提，以不高于竞争对手同类产品价格为依据，以扩大市场销售为目标。虽然采取低价策略会使单位产品的利润额明显减少，但由于低价能够刺激购买欲，会使产品销售量有所增加，企业总利润往往反而能明显增多。

总体而言，在弹性需求的市场环境下，如果其他因素相同，价格越低的产品越容易得到消费者的青睐，降价会直接促进产品的销售量。价格对销售量的影响如图5-3所示。

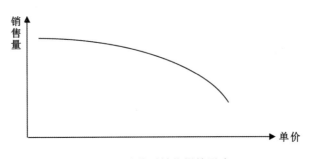

图5-3 价格对销售量的影响

（2）广告策略

广告策略是企业在宏观上对广告决策的把握，它是以战略眼光为企业长远利益考虑，为产品开拓市场着想。研究广告策略的目的是提高广告宣传效果，使企业以最低的开支（费用）实现最佳的营销效果。在当今市场竞争日趋激烈的情况下，一个企业、一种产品要在市场上获得立足之地，或者为了战胜竞争对手以求得发展，都需要正确地运用广告策略。

在"创业之星"模拟创业平台中，制定广告策略前同样需要仔细分析消费者对广告的关注度和敏感度。对较为关注企业产品广告宣传的消费群体，企业可以有效利用广告宣传吸引他们的注意力，拉动产品需求，实现营销目标。广告对销售量的影响如图5-4所示。

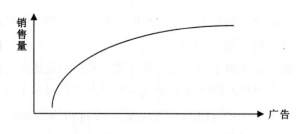

图5-4　广告对销售量的影响

需要注意的是，广告的影响虽然有一定的积累效应，但会逐渐递减。企业要使其在一定时间内有效，需要稳定地投入广告宣传费用。

2.竞争对手分析

迈克尔·波特（Michael E.Porter）在《竞争战略》一书中提出了竞争对手分析的模型，从企业的现行战略、未来目标、企业实力和自我假设四个方面分析了竞争对手的行为和反应模式（见图5-5）。

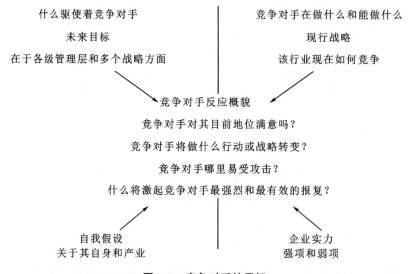

图5-5　竞争对手的目标

通过对未来目标进行分析，可以看出是什么在驱使竞争对手向前发展。在企业常用的目标体系中，对竞争对手的分析目标多是财务目标和市场目标。

对竞争对手现行战略的分析，包括分析竞争对手目前正在做什么和将来要做什么。列出竞争对手所采取的战略，对其尽心分析，以便本企业做出有效及时的回应。

对竞争对手企业实力的分析，可以找出本企业与竞争对手的差距，找出企业在市场竞争中的优势和劣势，从而更好地改进自身的工作。

分析竞争对手的自我假设，可以清楚地看到竞争对手对自身的战略定位，以及它对产业未来发展前景的预测。竞争对手对自身和对产业的假设有的是正确的，有的是不正确的，掌握这些假设之后，可以从中找到发展的契机，从而使本企业在竞争中处于有利地位。

在"创业之星"模拟创业平台中，对竞争对手进行分析是一项非常重要的工作，这关系到企业战略方案是否能够顺利实施并达到预期效果。竞争者分析的目的是较为准确地描述每个竞争对手可能采取的战略、策略和成功的可能性以及每个竞争对手下一步可能采取的行动。知己知彼，才能百战不殆。

在制定竞争战略时，要运用一些推测和假设。创业者应该思考下列问题：我们在这个市场内处于什么位置？比我们强的、弱的及水平相当的竞争对手分别是谁？竞争对手的现行战略是什么？其优势和劣势在哪里？竞争对手的战略行动意味着什么，我们应该如何看待它？竞争对手对我们的行动的反应会是怎样的？我们应以什么样的策略应对？竞争对手对我们的假设是什么？他们会以为我们下一步将采取的行动是什么？对这些问题的回答往往建立在对决策结果中竞争对手经营数据的全面深入的分析上。

在分析和推测的过程中，创业者应该重点分析市场占有率、产品价格、产品设计、广告宣传、消费者对产品的评价、各产品的交货率、所有者权益、投资表现、成长表现等数据。这些数据在对竞争对手的分析中有着举足轻重的作用，必须加以重视，它们可以帮助决策者从多个方面对竞争对手进行分析。

（1）研发管理中的竞争对手分析

研发管理中的竞争对手分析一般根据前几轮的情况判断。从以往的报告分析，投入了研发费用的产品，在研发费用投入期间不可能参与市场竞争，但从各个企业总的研发投入费用及其变化，以及各企业在哪些产品设计上投入了设计费用等，我们可以知道竞争对手的产品在设计性能方面与本企业产品相比的优势与不足。另外，我们还可以推断出竞争对手在新产品导入上的策略方向，从而为本企业的产品决策提供依据。

（2）生产管理中的竞争对手分析

生产管理中的竞争对手分析要从一般企业信息、市场占有率信息以及以往的企业报表来综合分析，得出竞争对手的大致情况。通过生产管理中的竞争对手分析，我们可以了解竞争对手的产能情况、竞争对手生产线的运作情况、产品综合性能的高低，从而可以判断竞争对手的战略走向。

根据资产负债表上的固定资产总价值，再结合本企业的生产线价值等数据，可以确定竞争对手的生产线数量，并估算竞争对手的生产规模。同时，分析市场上各竞争对手各产品的销售数量，结合以往的库存数量，可以知道各企业各产品大致的生产数量情况，从而为本企业生产线产能设计提供参考依据。这部分信息只能粗略估计，并不可能精确，而且在正式模拟演练中并不能保证能看到竞争对手的财务报表。因此，要在市场和财务等公开的资料中寻找并分析竞争对手的生产情况与产能规模。

(3) 竞争对手的财务状况分析

通过财务报表，企业可以更好地分析竞争对手的财务状况，这样才能更有针对性地制定企业的发展战略，发挥自己企业的竞争优势。比如：通过分析竞争对手的资产负债表，判断其生产规模，推测其短期的经营策略；通过观察同一市场中其他竞争对手资产负债表中的生产线项目，分析其生产线数量，估计其生产规模，进而了解其长期的战略计划，判断其是看好未来市场，打算扩大规模，以降低成本，取得规模经济效益，还是认为未来市场发展不乐观，适度控制或缩小规模，以免产品积压，库存增加；通过产品库存估计竞争对手下一步的定价策略，若其资产负债表上该项目的数额非常大，那么企业下一轮的销售压力将会大大增加，为了缓解这一压力，竞争对手有可能会对价格做出适当的调整，以缓解库存压力。

六、产品销售战略

在企业确定了市场营销策略之后，销售部门便需要据此制订具体细致的销售计划，以便开展、执行企业的销售任务，以实现企业的销售目标。销售部门必须清楚地了解企业的经营目标、产品的目标市场和目标客户，这样才能制定切实有效的产品销售战略。

在制定产品销售战略的时候，必须考虑市场的经营环境、行业的竞争状况、企业本身的实力和可分配的资源状况、产品所处的生命周期等各项因素。在企业制定的市场营销策略的基础上，销售部门制定相应的产品销售战略，进行相应的销售预测。

根据预测的销售目标及销售费用，销售部门必须决定自身的规模。同时，销售人员的工作安排、培训安排、销售区域的划分等都是销售部门在制订销售计划时所必须考虑的问题。

销售计划的中心任务之一就是销售预测，无论企业规模大还是小、销售人员多还是少，销售预测都会影响其包括计划、预算和销售额确定在内的销售管理的各方面工作。销售预测是对未来特定时间内，全部产品或特定产品的销售数量与销售金额的估计。销售预测是在充分考虑未来各种影响因素的基础上，结合本企业的销售实绩，通过一定的分析方法提出切实可行的销售目标。

在"创业之星"模拟创业平台中，企业在做出营销决策前，必须仔细地考量每一个机会，衡量与预测每个机会潜在的规模、成长和利润。而在企业市场营销诸多决定因素中，销售预测是最重要的因素之一，它在很大程度上决定着企业的长期规划和短期规划。企业管理者根据销售预测向不同的职能部门分配资源并监控企业的整体运作；财务部门根据销售预测来测算现金流量、制定成本预算、编制各种形式的报表；生产制造部门根据销售预测确定产品生产的品种、数量，合适的产成品库存量，原材料的采购数量及到货时间。由此可见，可靠的销售预测是企业成功的关键。销售预测失误可能导致存货过多、牺牲性的减价或由于缺货而丧失销售机会。

在竞争过程中，销售预测由于其重要性，往往是团队成员共同进行决策，但销售预测的基础工作则通常是由营销部门来完成的。必须注意，销售预测是相对于一定的营销组合而言的，不同的营销组合必然导致不同的销售预测。从长期来看，企业是以销定产，但从一个周期内的短期规划来看，由于生产规模在短期内几乎无法变更，我们可以通过适当调整营销组合，在一定程度上以产定销，其评价标准是总边际贡献最大化。

七、人力资源战略

企业战略的实施需要人力资源的支撑与保障。在人力资源开发与管理活动中，应从企业战略目标出发，以战略为指导，确保人力资源政策的正确性和有效性。为确保企业在需要的时候及时得到各种必要的人才，同时更好地培养、使用现有人员，企业必须对当前和未来人力资源的供求进行科学的预测和规划。企业创立后，首先要解决的是各部门需要的人员问题。人力资源的一个基本工作是根据企业战略规划及经营目标，确定各部门各阶段所需人员的数量与质量要求，通过人才市场获取相应的人员，以满足各部门的运转需要。

在"创业之星"模拟创业平台中，要创业成功并取得良好的绩效，离不开紧密配合与分工合作的创业团队。只有充分发挥创业团队中每个人的能力，通过严密的分工、深入的沟通、有力的执行，企业才能在竞争激烈的市场环境中不断破解各个难题，战胜其他竞争对手，在商海大潮中脱颖而出。

创业团队的构成要素包括目标、人、定位、权限、计划这五个方面。

1.目标

团队应该有一个既定的目标，为团队成员导航，让成员知道团队最终要去向何处，如果没有目标，这个团队就没有存在的价值。团队的目标必须跟组织的目标一致，此外还可以把大目标分成小目标具体对应到各个团队成员身上，大家合力实现这个共同的目标。同时，目标还应该有效地向大众传播，让团队内外的成员都知道这些目标，有时甚至可以把目标张贴出来，以激励所有成员为这个目标而努力。

2.人

人是构成团队的核心力量。三人以上（包含三人）就可以构成团队。目标是通过人员具体实现的，所以人员的选择是团队中非常重要的一部分。在一个团队中，需要有人出主意，有人制订计划，有人实施，有人协调不同的人一起工作，还需要有人监督团队工作的进展，评价团队最终的贡献。通过分工，不同的人共同完成团队的目标，在人员选择方面要考虑人员的能力如何、技能是否互补、人员的经验如何等。

3.定位

这里的定位包含团队的定位和个体的定位两层意思。团队的定位是指团队在企业中处于什么位置，由谁选择和决定团队的成员，团队最终应对谁负责，团队采取什么方式激励下属等；个体的定位是指各个成员在团队中扮演什么角色，是制订计划还是具体实施或评估。

4.权限

团队当中领导人的权力大小跟团队的发展阶段相关，一般来说，团队越成熟，领导者所拥有的权力相应越小，在团队发展的初期阶段领导权相对集中。团队权限关系包括两个方面：其一，整个团队在组织中拥有什么样的决定权，比如财务决定权、人事决定权、信息决定权等；其二，组织的基本特征，比如组织的规模多大，团队的数量是否足够多，组织对于团队的授权有多大，它的业务是什么类型等。

5.计划

这里的计划有两个层面的含义。其一，目标最终的实现需要一系列具体的行动方案，可以把计划理解成目标实现过程中具体工作的程序；其二，按计划进行可以保证团队的进度顺利，只有在计划的指引下，团队才会一步一步地靠近目标，从而最终实现目标。

八、财务资源战略

企业财务管理是对企业资金运作的管理,是企业业务活动的价值管理过程。通过企业的财务管理过程可以保证企业的业务活动最终能够达到企业的基本目的——实现企业盈利。

财务部门的工作要在企业总体战略与经营目标的引导下展开。企业运营过程中的各项活动都离不开财务部门的资金支持,合理规划并使用资金,提升资金利用效率,为企业创造更大的价值,是财务资源战略的基本目标。

财务部门重点要做好资金筹措、成本核算和现金预算三个方面的工作。

1. 资金筹措

资金是企业的血液,是企业开展生产经营活动的基本条件。由于企业资金运动过程中的收支不平衡性,资金临时不足的企业为保证企业生产经营不致停止,往往愿意以一定代价获取在一定期间内运用他人资金的权利,即通过银行筹集资金。企业筹资的动机主要是满足扩张的需要。特别是在发展前期,收入不足而投入不断增加,企业往往需要筹集更多的资金以满足企业正常运转的需要。

在"创业之星"模拟平台系统中,每家企业在成立后都有一定的初始资金可供使用,如需要更多的资金,企业可以通过正常银行借款来筹集资金。如果出现资金链断裂,为了使企业能继续运营下去,系统会自动为企业提供紧急借款,当然利率要比正常的银行借款利率高出数倍,同时,最终成绩也将扣分。

2. 成本核算

在模拟运营中,人力资源成本将是企业运营的主要成本之一,当然还包括其他各项费用支出。企业运营的最终目标之一是盈利。要获取利润,一方面要努力提升企业的销售收入,扩大规模,开拓市场,提升销量;另一方面要有效控制成本,尽量减少一些不必要的支出,比如合理安排人员结构,支付合适的薪资福利,在努力完成既定目标的前提下,尽量控制各项成本。

财务部门的职责是按照企业的战略有效管理企业的资金。这意味着财务部门要扮演各种角色,包括监控盈利性、管理投资和借贷、管理企业的固定资产和税收。更重要的是,它必须与管理团队密切配合,最大限度地提高企业价值,因为这是评判企业绩效的依据。

下面将从几个方面介绍财务管理部门如何在模拟竞赛中充分发挥其职能作用,与其他部门相互协调,从而达到提升企业价值的目的,最终在模拟创业中取得佳绩。

(1) 固定资产投资

企业的固定资产主要由厂房和生产线设备组成。财务部门的职责就是分析企业的财务状况，判断企业有无能力订购所需的部分或全部生产线，以支持整体发展战略的实施。由于资金有限，企业在前期往往是租用厂房，并采用低端的生产线设备进行生产。随着销售的开展，企业资金逐渐宽裕，此时应根据业务发展的需要，对厂房和生产线设备进行适当调整，如租用的厂房改为购买厂房，低端的生产线设备换成高端的生产线设备，充分发挥资金价值，提高资金的利用率，在满足企业扩张所需要的生产能力的基础上，有效降低生产成本。

(2) 产品成本控制

对于任何企业而言，成本都是衡量其经济效益的一项综合指标，因为生产设备利用程度合理与否、出产数量的多少以及经营管理水平的好坏等，都会直接或间接地从成本指标上显示出来。而此时企业财务部门要做的就是确定各种产品的构成要素，以分析降低产品成本的各种途径及其可行性，最终实现以低成本占领市场的目标，同时为企业的定价决策及盈利分析提供具有重要意义的参考依据。

企业经营中的总成本主要包括三大类。

① 生产成本，指企业为生产产品或提供劳务而发生的成本。生产成本包括原材料成本、加工费、厂房设备的折旧、生产工人的工资福利等。

② 销售成本，指企业为进行推销活动而发生的成本。销售成本包括广告宣传费、市场开发费、销售人员的工资福利等。

③ 管理成本，指企业为组织和管理生产经营活动而发生的成本。管理成本包括管理人员的工资福利、行政管理费用、办公室租金等。

与销售有关的成本支出是否合适需要进行综合分析，如果相关支出是促进销售工作的，该支出的绝不能省，比如市场开发、人员招募，以及必要的广告宣传投入等。通过对供求关系的分析与竞争形势的判断，销售部门在制定各项销售费用支出时应合理规划，争取以最小的成本支出带来最大的回报。

(3) 财务指标分析

财务指标分析通常采用财务比率指标法。财务比率指标法可以帮助企业更好地分析经营管理各个方面的状况，以判断是否存在不足或可改进的地方。财务比率指标法是一种综合性的分析方法，经营决策可能会对于某方面的指标有利，但同时会导致另一些指标变差，比如，通过降价可以提升产品的销量，提高市场占有率和营业收入，但可能导致产品的毛利率降低。

因此，在分析财务指标时一定要对各个方面进行综合评价分析。企业追求的是整体效益的最大化，财务评价也是按照一定权重对各个指标进行打分计算。只要一项决策对整体指标的改进有所帮助就可以实施，不要过分追求单一指标的最大化。

(4) 现金流分析

如果现金总是入不敷出，企业最终将陷入困境。要维持企业的长期生存，一个重要的因素是企业在财务管理上保证拥有持续稳定的现金流。一般来说，营业活动、投资活动、筹资活动将引发现金存量的变化。这些活动可能产生现金流入，也有可能产生现金流出。现金管理有两个主要目标：一是必须持有足够的现金以便满足各种业务往来的支付需要；二是将闲置现金降到最低限度。

预测未来现金流是现金管理的首要步骤，通常由企业财务部门根据市场部门和生产部门提供的资料进行分析、评价来完成。实际上，几乎不可能实现精确的现金流预测。因为销售量的预计是很困难的，往往会与实际发生的结果存在较大误差。而对未来现金流预计的准确与否在很大程度上取决于预计销售额是否能够实现。若预计结果与实际结果存在较大偏差，就很可能会出现紧急贷款，对企业价值产生负面影响。

3.现金预算

企业筹措资金后，要合理使用资金，使其为提升企业绩效服务，这时候编制现金预算是必不可少的。作为企业全面预算的一个重要组成部分，编制现金预算的目的是将决策提供的目标和选定的方案形成与资金有关的各种计划指标，它是为保证计划指标的具体实施，协调各项计划指标之间的相互关系，编制各项资金使用计划的过程。现金预算是落实企业经营目标和保证措施的重要工具。

在企业经营管理中，资金使用计划常常以现金预算的形式表现出来。现金预算是与企业生产预算、销售预算和成本预算等相互联系的。现金预算的内容包括现金收入和现金支出的计算、不足部分的筹措方案和多余部分的利用方案等。现金预算是其他预算有关现金收支部分的汇总，以及收支差额平衡措施的具体计划。现金预算的编制要以其他各项预算为基础。

(1) 销售预算

销售预算是整个预算编制的起点，其他预算的编制都以销售预算为基础。销售预算需要在销售预测的基础上，根据企业阶段目标利润确定的预计销量和销售价格等参数进行编制。

(2) 生产预算

生产预算是在销售预算的基础上根据预计的销售量按品种分别编制，主要内容有销售量、期初和期末存货以及生产量。要注意保持几者间的比例关系，以免储备不足、产销脱节或超储积压等。

(3) 直接材料预算

直接材料预算以生产预算、材料消耗定额和预计材料采购单价等信息为基础，并考虑期初、期末材料存货水平。

(4) 直接人工预算

直接人工预算也是以生产预算为基础进行编制的，其主要内容有预计产量、单位产品工时、总工时、每小时人工成本和人工总成本。在"创业之星"模拟创业平台，直接人工预算主要是生产线上工人的工资福利支出的预算。

(5) 制造费用预算

制造费用预算通常分为变动制造费用和固定制造费用两部分。变动制造费用以生产预算为基础来编制。如果有完善的标准成本资料，用单位产品的标准成本与产量相乘，即可得到相应的预算金额。如果没有标准成本资料，就需要逐项预计计划产量需要的各项制造费用。固定制造费用需要逐项进行分析，通常与本期产量无关，根据每阶段实际需要的支付额预测。

(6) 产品成本预算

产品成本预算是生产预算、直接材料预算、直接人工预算和制造费用预算的汇总。其主要内容是产品的单位成本和总成本。同时，产品成本预算也为编制预计利润表和预计资产负债表提供数据。

(7) 期末存货预算

如果没有特别需要，可假设期末存货为零。如果市场呈现快速增长趋势，在产能无法快速扩张的情况下，提前做好一定量的产品库存，有利于企业在后面市场快速扩张时满足销售的需要。

(8) 销售费用预算

销售费用预算指为实现销售预算所需支付的费用预算。它以销售预算为基础，分析销售收入、销售利润和销售费用的关系，力求实现销售费用的最有效使用。在安排销售费用时，要利用本量利分析方法，费用的支出应能获取更多的收益。在草拟销售费用预算时，要对过去的销售费用进行分析，考察过去销售费用支出的必要性和效果。

(9) 管理费用预算

管理费用预算是指企业在正常运营过程中其他需要支出的管理费用，如办公室租金、行政管理费等。

(10) 现金预算

现金预算的编制以各项营业预算和资本预算为基础，它反映各预算期的收入款项和支出款项，并做对比说明。其目的在于资金不足时筹措资金，资金多余时及时处理现金余额，并且提供现金收支的控制限额，发挥现金管理的作用。

第四节 企业核心竞争力

企业间的竞争最终将体现在核心竞争力上。加里·哈默尔（Gary Hamel）和普拉哈拉德（C.K.Prahalad）的核心竞争力模型是一个著名的企业战略模型，其战略流程的出发点是企业的核心力量。

一、自内而外的企业战略

传统的自外而内战略（例如波特五力分析模型）总是将市场、竞争对手、消费者置于战略设计流程的出发点上。核心竞争力理论恰好与之相反，它认为从长远来看，企业的部分优势取决于企业能否以低成本，并以超过对手的速度构建核心竞争力。核心竞争力能够造就意想不到的产品，其竞争优势的真正源泉是企业围绕其竞争力整合、巩固工艺技术和生产技能的能力。据此，小企业能够快速调整以适应变化了的商业环境。核心竞争力是具体的、固有的、整合的或应用型的知识、技能和态度的各种不同组合。

"创业之星"模拟创业平台中，参与模拟运营的各家企业，应该将核心竞争力的构建提升到战略的高度。经营团队不仅要考虑开始阶段的生存问题，更要考虑后面阶段的发展问题。而要想强化自身的发展能力，经营团队就要思考如何形成独一无二的核心竞争力。核心竞争力是一种自内而外的企业战略，这种竞争能力是企业自身在长期的发展过程中不断沉淀、积累而成的一种特殊优势，这种能力可以不依靠任何外力而存在。

二、构建核心竞争力

核心竞争力的构建是通过一系列的持续提高和强化活动来实现的,它应该成为企业的战略核心。从战略层面来讲,它的目标就是帮助企业在设计、发展某一独特的产品功能上实现领导地位。一旦团队成员识别出所有的核心竞争力,企业的项目、人员就都必须紧紧围绕这些核心竞争力开展活动。

"创业之星"模拟创业平台中,参与演练的各个经营团队开始的起点是完全一样的,他们面临的市场状况也是统一的。但在经营活动全部结束后,各个经营团队所领导的企业已经产生了极大的差异。有的企业建立了完善的生产线,开拓了足够多的市场;有的企业成为某一个细分市场的"霸主";有的企业则是在激烈的市场竞争中苟延残喘;甚至有的企业资金链已经断裂,申请破产了。为什么不同企业间会产生这么大的差异呢?主要原因就在于各个经营团队在经营过程中,有没有把握自己的核心竞争力。各个经营团队所具有的核心竞争力应该是不完全一样的,并且这种能力是瞬息万变的。当经营团队在特定的市场环境下识别出自己所具有的核心竞争力时,就必须将企业的项目、人员紧紧围绕这些竞争核心力来展开,不断地强化、积累、加深,当经营结束的时候,长期经营构建的核心竞争力就会成为这个企业安身立命的根本,而这样的核心竞争力也是企业的竞争对手在短期内所无法模仿的。

三、核心竞争力的构成要素

核心竞争力并不是企业内部人、财、物的简单叠加,而是能够使企业在市场中获得和保持竞争优势的、别人不易模仿的能力。具体地讲,核心竞争力包括以下构成要素。

1. 研究开发能力

研究开发能力即企业所具有的为增加知识总量以及用这些知识去创造新的知识而进行的系统性、创造性活动的能力。研究开发包含基础研究、应用研究和技术开发三个层次。

2. 不断创新能力

不断创新能力即企业根据市场环境变化,在原来的基础上重新整合人才和资本,进行新产品研发并有效组织生产,不断开创和适应市场,实现企业既定目标的能力。所谓创新,包含技术创新、产品创新和管理创新三个方面的内容。

3.组织协调能力

这种能力并不局限于技术层面，它涉及企业的组织结构、战略目标、运行机制、文化等多方面，突出表现在坚强的团队精神和强大的凝聚力、组织的大局观和整体协调以及资源的有效配置上。

4.灵活应变能力

客观环境时刻都在变化，企业决策者必须具有对客观环境变化敏锐的感应能力，必须使经营战略随着客观环境的变化而变化，即经营战略要因时、因地、因对手、因对象而变化。

"创业之星"模拟创业平台中，核心竞争力的构成要素是参加模拟演练的所有团队经常要思考的问题，也是让人们饱受困扰的问题。在模拟活动中，各经营团队面对不同的区域市场，要进行多个产品品牌的研发设计工作，要进行相关资质认证，要进行多种生产线的组合构建，甚至在经营过程中还要进行资金筹集与使用工作。诸多经营要素，哪些才能成为核心竞争力呢？其实，各经营团队要认识到，核心竞争力是企业综合素质的构建，是企业在长期的经营过程中积累沉淀而成的。单纯依靠开发某个市场、研发某个产品来创建可持续的核心竞争力，是不现实的。各经营团队应该在充分调动自己的研究开发能力、创新能力、组织协调能力、应变能力的基础上，分析每个经营年度的市场产品状况，同时考虑竞争对手的产品市场策略，灵活机动地进行市场开发、产品研发、生产线构建以及相应的资金管理工作。这些方面构成了一个紧密的系统，经营团队要从全局角度来对其进行适时调整。

四、核心竞争力的识别

核心竞争力识别工具可以帮助我们认识企业自身所蕴含的核心竞争力，它的识别方法其实很简单，企业的内部资源中，与竞争对手相似或比较容易模仿的就属于一般的必要资源，比竞争对手好的或不容易模仿的就属于企业独一无二的资源。相应地，在企业的能力中，与竞争对手相似或比较容易模仿的就是一般的基本能力，而比竞争对手好的或不容易模仿的能力就是企业的核心竞争力了。

企业在识别核心竞争力时，需要区别资源和能力这两个概念。如果企业具有非常独特的价值资源，但是没有将这一资源有效发挥利用，那么，企业所拥有的这一资源就无法为企业创造竞争力优势。另外，企业并不是一定要具有独特而有价值的资源才能形成核心竞争力。

"创业之星"模拟创业平台中，各个经营团队识别自己所带领企业的核心竞争力的时候，一定要保持清醒的头脑，某个阶段的优势并不代表企业具有了核心竞争力。判断所经营企业是否具备核心竞争力，不仅需要考虑竞争对手的情况，还需要考虑自身的领先优势是否建立在独一无二的资源上。这里的资源是广义上的资源，除了物质形态的资源，还包括非物质形态的资源，如管理能力、市场开拓能力、财务管理能力等。比如，某经营团队通过努力，比其他企业更早地开发了某个市场，此处的优势并不意味着该企业构建了自己的核心竞争力，在以后的经营中，其他的企业也可以通过不断投入资金来开发这个区域的市场。但如果经营团队意识到自己的核心竞争力是规模优势，就可以借助自己的先入优势，循序渐进地投入资金、扩展产能，同时有序地去开拓不同层次的市场，随着这种优势的保持和不断扩大，经过若干经营周期后，长时间积累起来的优势将有可能成为这个经营团队的核心竞争力。

第五节　企业团队角色模拟和人员分工

一、实训目的

结合经济管理类各专业不同的知识背景与实际案例，运用分岗实训的模式，让每个学生采用分工合作或者独立方式完成一整套经济业务数据，使学生在分析市场、制定战略、营销策划、组织生产、财务管理等一系列活动中，参悟科学的管理规律，培养团队精神，全面提升管理能力。

二、实训原理

学生运用所学经济管理类多学科理论，以任务驱动模式为主，参与多种类型经营任务，在学习过程中潜移默化地掌握新知识、新理论。

通过该课程的实训学习和操作，让学生全面系统地掌握企业运营管理过程中的决策与执行过程，包括完成企业经营管理业务流程，企业经营管理中生产业务模拟操作，企业经营管理过程的投资管理业务，企业经营管理中供应商、客户管理模拟，企业经营管理中的人力资源管理模拟操作。

三、实训设备及工具

管理决策模拟综合实训室，"创业之星"电子沙盘软件，多媒体设备，屏幕广播软件，计算机。

四、实训内容及步骤

1. 实训内容

① 熟悉实训室。
② 学习实训室规则、学员分组、岗位职责、企业的初始状态、市场规则。
③ 掌握"创业之星"商业背景环境与运营规则,组建经营团队,小组讨论,制定经营目标。

2. 实训步骤

① 学生分组,进行角色定位、岗位职责介绍。
② 设定企业初始状态,介绍企业背景资料。
③ 介绍企业运营规则。
④ 教师介绍企业经营管理的基本理论知识和实训方法。

在运营系统中,模拟企业涉及的人力资源、财务管理、市场营销、生产制造、企业战略等多方面内容,由小组中的不同成员分别担任不同角色来完成。每位成员应从自己担任的角色出发,做好本部门的工作,并与其他部门协同合作,共同努力实现企业的发展战略与经营目标。

在模拟企业成立后,小组内的每位学生将分别担任企业各主要部门的负责人,这些角色包括总经理、人力资源经理、研发经理、营销经理、生产经理、财务经理等。如人员较少,可以一人身兼多项职能。一般情况下,一个小组人数为4—6人比较合适。

(1) 总经理

总经理是一个企业的核心与灵魂,总经理制定与实施企业总体战略与各阶段经营计划,建立与健全企业的管理体系与组织结构,主持企业的日常经营管理工作,带领团队实现企业经营管理目标。

在"创业之星"模拟创业平台中,虽然总经理的人选至关重要,但由于大家基本上都没有任何创业经验,在每一阶段工作中,所有决策应由团队集体讨论制定,而不是由总经理一个人来决策。

下面简要介绍总经理的几项主要工作职责。

① 组织经营会议。会议主要内容包括:企业整体竞争策略及经营规划;研发部业务特点及其发展规划;市场部业务特点及其发展规划;销售部业务特点及其发展规划;制造部业务特点及其发展规划;财务部业务特点及其发展规划;人力资源部业务特点及其发展规划。

② 制定企业发展战略。要制定企业发展战略，首先要对市场环境和企业自身有一个全面清晰的认识，即进行SWOT分析。SWOT分析是制定企业战略规划的一个基础工具，它包括分析企业的优势（Strength）、劣势（Weakness）、机会（Opportunity）和威胁（Threat）四个方面。因此，SWOT分析实际上是对企业内外部条件各方面内容进行综合和概括，进而分析组织的优劣势、面临的机会和威胁的一种方法。通过SWOT分析，企业可以把资源和行动聚集在自己的强项和有最多机会的地方。

优劣势分析主要是着眼于企业自身的实力及其与竞争对手的比较，而机会和威胁分析则将注意力放在外部环境的变化及其对企业的可能影响上。在分析时，应把所有的内部因素（即优劣势）集中在一起，然后用外部的力量来对这些因素进行评估。

③ 确定经营目标。企业创立后，经营团队要完成两年共八个季度的运营管理。在创业初始阶段，创业者需要根据市场环境的变化及运营规则的设定情况，制定企业的发展战略规划，并努力实现企业的经营目标。在运营管理中，管理者将与其他企业展开激烈的市场竞争。要取得良好的绩效并实现企业的经营目标，团队的每位成员必须通力合作，制定有效的经营决策，该决策包括企业战略、品牌规划、产品设计、市场营销、人力资源、生产制造、财务管理等各个方面的内容。

④ 全面预算管理。全面预算管理，是利用预算对企业内部各部门、各单位的各种财务及非财务资源进行分配、考核、控制，以便有效地组织和协调企业的生产经营活动，完成既定的经营目标。在全面预算管理中，资金的管理非常重要。企业在经营过程中，常常会出现现金短缺的情况，而要维持正常的企业运营，现金不能中断，否则企业什么也做不了。现金储备过少会影响企业正常经营周转，现金储备过多又会造成浪费，因为现金是非盈利性资产。所以，现金余额不是越大越好，也不是越小越好，只要能保证企业正常生产经营即可。

在"创业之星"模拟创业平台中，仔细分析就会发现，现金断流情况的发生主要有以下三方面的原因：一是企业没有正确编制预算，导致预算与实际严重脱节；二是企业没有严格按计划进行运营，导致实际严重脱离预算；三是企业虽然严格按预算执行，但在执行中实际情况出现了较大的变化，现金出现严重不足，这时企业没有及时调整初始的计划，仍然照搬原来的计划。

⑤ 制定业务竞争策略。总经理要做的主要包括以下几点：第一，提出公司的战略展望，指明公司的未来业务和公司前进的目标，从而为公司指明长远的发展方向，清晰地描绘公司将竭尽全力所要进入的事业，使整个组织对行动有一种目标感；第二，建立目标体系，将公司的战略展望转换成公司要达到的具体业绩标准；

第三，制定战略，以达到期望的效果；第四，让公司员工高效地实施和执行公司战略；第五，评价公司的经营业绩，采取完整性措施，参照实际的经营事实、变化的经营环境、新的思维和新的机会，调整公司的竞争战略、公司的发展方向、公司的目标体系以及公司相关战略的执行。

⑥ 企业绩效分析。在"创业之星"模拟创业平台中，每阶段经营结束后，系统都会生成相关的分析报告。这些报告是企业了解自己的经营成果、分析企业的优劣势、了解行业与竞争情况的基本资料，需要企业的管理者在经营结束后仔细阅读与分析，根据企业事先的规划与预算以及经营目标，与实际结果进行比较，分析企业经营得失，总结经验，发现问题，并在下一阶段的模拟经营中改进管理，以更好地提升企业的经营绩效。

⑦ 团队业绩考核。将团队的战略远景和使命转换成公司要达到的各项具体业绩标准。团队业绩目标的建立需要战略管理的执行者付出很大努力，尽可能在目标体系里体现公司远景和使命。其目标体系的建立需要所有管理者的参与，它将分解为公司层目标、事业部目标和各项职能单位的目标。如，公司层目标是"市场占有率提高5%"，事业部实现该目标的方针是"提高A产品的销售量"，职能单位就应根据公司层目标，制定自己的目标为"A产品的市场占有率提高5%"。实现该目标的方针是"开发华北市场"。A产品市场部目标制定为"在华北开分店5家"，方针是"直接开店或与当地经销商合作"等。目标体系考核的作用就是使公司的战略分解为各项目标，目标实施的过程要注意各项目标为其战略的实现所起到的作用。

⑧ 市场竞争分析。在企业运营管理中，管理者将与其他企业展开激烈的市场竞争。为了取得良好的绩效并实现企业经营目标，需要团队成员通力配合，共同制定有效的经营决策，包括企业战略、品牌规划、产品设计、市场营销、人力资源、生产制造、财务管理等各个方面的内容。

⑨ 人员分工协作。总经理要决定组织体制和人事编制，决定各职能部门负责人的任免、报酬、奖惩，建立健全统一、高效的组织体系和工作体系，做好员工的思想政治工作，加强员工队伍的建设，建立一支作风优良、纪律严明、训练有素的员工队伍，坚持民主集中制的原则，发挥"领导一班人"的作用，充分调动员工的积极性和创造性，加强企业文化建设，搞好社会公共关系，树立企业良好的社会形象。

（2）人力资源经理

"创业之星"模拟创业平台中的人力资源经理工作并不多，但很重要。人力资源经理根据企业整体发展战略及部门用人计划，负责人员的招聘与录用、培训规划与员工关怀，跟踪分析人才市场供需状况，分析竞争对手与行业平均薪资水平，提升员工满意度和其工作绩效。

人力资源经理的主要工作职责包括以下几点。

① 人力选拔招聘。在模拟企业中，管理团队由参加训练的学生组成，他们也是企业的创始人与股东。在企业中有两个部门需要人力资源招聘人员以开展工作：销售部和生产部。所有的销售任务由销售人员来完成，所有的生产制造工作由生产工人来完成。人力资源部应根据企业业务发展的不同阶段招聘合适数量的人员，并针对员工开展技能培训，以提升员工的综合能力。

② 签订劳动合同。所有人员招聘进来以后，包括管理人员、销售人员、生产工人，均需要签订正式劳动合同，并为员工办理社会保险。没有与员工签订合同、未为员工办理保险的企业，将会受到相关处罚。

③ 员工培训计划。根据生产部门和销售部门的工作规划及用人要求，对招聘的新员工进行培训和相应安排。人员的安排主要包括管辖区域调整、培训计划以及辞退计划。

（3）研发经理

企业要取得领先的竞争优势，研发出客户需要的产品是基础。研发经理的职责是制订产品研发计划，组织新产品开发并进行有效的项目管理；完善现有产品，开发新产品，持续扩大和改善产品系列；有效控制研发成本；积极研究新技术，运用手段降低产品成本，提升性价比；打造有竞争力的研发团队，提升研发人员能力素质，提升研发人员工作满意度。下面对研发经理的主要工作职责进行介绍。

① 顾客需求分析。不同的顾客有不同的偏好与需求，一种产品并不能满足所有人的需求，众多潜在的顾客会等到正好满足其需求的产品出现才进行购买。因此，研发经理必须通过市场研究分析不同顾客之间需求的差异，并将其分成不同的类别，然后针对各个类别制定相应的策略；同时分析顾客不同变化的需求，及竞争对手的行动，然后将其与自己的产品与策略进行对比，不断调整自己的行动以更好地满足顾客的需求。

② 产品研发规划。不同区域市场都有从低到高不同层次的产品可供研发生产。研发经理要带领研发部门研发设计领先竞争对手的产品，以更好地满足顾客的需求，提升产品的性价比，在市场竞争中获取更多的优势。同时，研发经理要根据发展战略，合理制定企业的品牌战略，提升产品的竞争力与性价比，并使该品牌在市场中保持领先地位。

③产品品牌设计。企业在经营活动中直接与其他企业竞争。这些竞争对手研究开发与本企业类似的产品或服务，并可能在相同地区销售推广，因此研发经理要带领研发部门分析消费者的需求特性，开发设计企业的产品品牌，可以设计多个品牌以更好地覆盖目标市场，同时可以通过品牌组合来满足不同层次顾客的需求。这里的产品品牌并不是越多越好，过多的品牌不利于企业管理，也不利于市场的集中推广，因此，设计适合数量的品牌也是研发部门一项非常重要的工作。

对品牌产品的原料构成来说，在同等价格的情况下，配置越丰富完善，选择的材料越高端，产品对顾客的吸引力也会越大。在品牌设计中应该充分考虑成本控制与满足需求两方面的矛盾，并考虑市场竞争环境的激烈程度，以尽可能低的成本来获得尽可能高的回报。

需要注意的是，每家企业可以研发推出的产品品牌数量有一定的限制，在设计时，研发部门需要认真研究客户的消费心理与需求特性，为企业制订合理的产品研发计划，这将是企业产品畅销的重要因素。

（4）营销经理

营销经理的职责包括市场职责与销售职责两个方面。企业能否取得良好的绩效，研发的产品能否销售出去，营销经理担负着重要的责任。作为企业对外的主要职能部门，营销经理负责分析市场环境，研究竞争对手，把握客户需求，制定企业市场营销战略和实施计划；组建营销团队，开发新的区域市场；对企业市场营销计划进行监督与控制；进行需求分析与销售预测，努力完成每阶段的销售目标。

企业的利润是由销售收入带来的，销售的实现是企业生存和发展的关键。销售和收款是企业的主要经营业务之一，也是企业联系客户的门户。为此，营销经理应结合市场预测及客户需求制订合理的销售计划，有选择地进行广告投放，取得与企业服务能力相匹配的客户订单，确保产品的交付实施，并监督货款的回收。下面简要介绍营销经理的主要工作职责。

①市场营销规划。产品在完成生产之后，需要通过营销部门的销售人员销售给最终用户。所有企业均有机会进入潜在的各个市场，每个市场均有各类消费群体的采购需求。当然，不同市场对不同产品的采购需求可能会有所不同，由于各地经济条件与发展程度存在差异，顾客对产品所能承受的购买价格也不相同。营销经理应根据自己的战略规划以及市场竞争的变化，合理配置资源，制定营销组合策略，参与市场竞争。

②营销团队组建。市场部门负责企业宣传与市场推广工作。营销经理负责企业营销计划的制订与执行，并努力提升企业产品的销售业绩。设计营销组合，制订企

业在发展不同阶段的营销推广计划，以更好地促进企业产品销售，提升品牌形象，提高市场占有率，需要营销经理带领团队对市场环境与竞争形势进行深入的调研分析。

企业进入市场时有多种方式，可以选择主攻某个市场，也可以多个市场全面开花。要在这些市场开展营销推广，首先需要企业投入时间和费用对市场进行前期调研与开发，开发完成后才可以派驻销售人员在这些区域进行产品销售工作。

营销经理在规划进入哪些市场及对市场进行前期投入时，需要考虑企业的资金状况及市场对营销团队人员的需求。这些工作都需要资金的投入，会影响企业短期现金流量及盈利情况，因此，虽然各个市场均有销售机会，营销经理需要进行全面分析判断，来决定不同发展阶段的市场开发策略。

③ 竞争对手分析。一个企业一旦在某一方面具有了竞争优势，势必会吸引竞争对手的注意。一般地说，企业经过一段时期的努力，建立起某种竞争优势后就处于维持这种竞争优势的态势，这时候竞争对手开始逐渐做出反应。如果竞争对手直接攻击企业的优势，或采取其他更为有力的策略，就会使本企业这种优势受到削弱。

而影响企业竞争优势持续时间的关键因素主要有以下三个：其一，建立这种优势要多长时间；第二，企业能够获得的优势有多大；其三，竞争对手做出有力反应需要多长时间。

营销经理要分析清楚这三个因素，以明确自己在建立和维持竞争优势中的地位。

④ 销售计划制订。销售计划直接关系到之后的市场开发和广告投放策略。根据预测的销售目标及销售费用，营销经理必须决定销售组织的规模。营销经理在制订销售计划的时候，首先要进行市场分析，因为销售计划制订的依据就是过去一年的市场形势及对市场现状的分析；其次要确定营销思路，营销思路是根据市场分析做出的指导销售计划的纲领，也是销售部门贯彻的营销操作理念；再次要确定销售目标，销售目标是一切营销工作的出发点和落脚点；之后还要制定营销策略，营销策略是营销战略的战术分解，是顺利实现企业销售目标的有力保障；最后要进行团队管理工作的部署，根据年度销售计划，合理配置人员，制订人员招聘和培养计划。

⑤ 区域市场开发。不同的市场区域潜在的消费者需求不同，市场的开发进度也有快有慢。营销经理要根据企业制定的营销战略，在企业发展的不同阶段，结合企业整体规划及生产制造能力，决定需要开发的市场和投入的费用，市场开发成功后派驻销售人员开展销售工作。

⑥广告投放策略。营销经理还要确定广告投放策略。广告是影响产品销量的一个重要因素,一般来说,较多的广告投放可以有效拉动产品销量,还可以不断提升企业的知名度与品牌知名度,对企业的长期发展有着潜在的帮助与影响。但是不同的广告投放策略会产生不同的影响,营销经理要根据企业的发展情况和市场的实际形势确定合适的广告投放策略。

(5)生产经理

企业所有产品的生产制造工作都由生产部门来完成。生产部门是整个企业中任务最重也是最烦琐的部门之一,涉及的任务与决策较多。同时,生产计划安排合理与否以及生产成本是否有效控制,将直接影响企业的市场营销策略与盈利状况。

生产经理的主要工作职责包括以下几点。

①制订物料需求计划。在生产管理中,生产经理要将企业生产过程中可能用到的原料、半成品、产品等看作物料,并将物料按照结构和需求关系分解为物料构成清单,根据物料构成清单计算各种原料的最迟需求时间和半成品的最迟生产时间。

在"创业之星"模拟创业平台中,产品只有一层物料构成清单,相对来说比较简单。如在玩具模板中,构成玩具的物料由三个必选物料加上可选的两个辅件组成。各个基础物料通过加工生产,直接组装成最终的产成品,构成产品的物料多少由该产品的设计决定。

每一类原材料的需求数量可由计划生产产品所使用的原材料数量加上预计产生的次品所使用的原材料数量计算得到。由于不同的原材料的采购周期可能不同,企业在规划原材料需求时应根据生产产品的原材料构成情况,及时做好物料的提前采购计划。如果没有提前做好原材料的采购计划,到生产时所需原料不足,企业将被迫从现货市场上高价购买所必需的原料,这将直接导致产品生产成本的提高。

原材料可以通过批量采购来获得较高的价格折扣。同时,部分原材料未来的市场价格走势可能会逐步走高。在进行原材料采购时,在企业现金流充沛的情况下,可以适当提高部分原材料的采购量,以降低原料成本。具体情况要根据企业的现金流、借款成本、产品需求计划等因素权衡考虑,寻找最佳的物料采购方式。

②制订设备采购计划。生产线设备有多种类型可供选择,不同的生产线的性价比不同,生产产品产生的制造费用也不同。一般情况下,越是高端的生产线,其性价比越高,分摊的制造成本也越低。由于生产线设备价格较贵,具体使用何种生产线组合主要取决于企业的现金状况,同时要考虑市场销售预测的情况。如果企业最

初制定了成本领先战略,企业的主要目标是使产品的生产成本尽可能低,那么,在设备选择上应以高端设备为主。如果只是为满足短期销售需要或临时性购买设备的需要,如当期增加产能满足销售需要,或者租用的厂房将来要退租,厂房内的设备需要搬迁到另一个厂房中,这种情况下高端的生产线就缺乏必要的灵活性,可以辅以中低端生产线设备组合生产。

所有的生产设备在生产过程中都会产生一些废品,但越是高端的生产线设备,其成品率越高,所产生的废品越少。为了提升设备的性能与产能,在生产工人已经满负荷的情况下,可以通过设备改造升级来提升设备的成品率。

生产线设备的总生产能力主要由销售预测来决定,企业无须购买过多的生产设备,以免设备闲置,带来不必要的浪费。为了满足即将到来的销售旺季的销售需要,企业可以提前做好生产线设备的购置与安装工作。当然,在购买设备时,还要注意企业的现金流状况,避免出现资金缺口,以免因现金流紧张而影响企业的其他管理工作。

③ 制订生产作业计划。生产作业计划中最重要的是主生产计划,又称主生产排程,是根据销售订单或预测得到的对产品(独立需求物料)的需求清单,即在某一个时间点对产品的需求量。主生产计划把经营计划或生产大纲中的产品具体化,使之成为展开物料需求计划的主要依据,起到了从综合计划向具体计划过渡的承上启下的作用。主生产计划必须考虑客户订单和预测、未完成订单、可用物料的数量、现有能力、管理方针和目标等,是生产计划工作的一项重要内容。

在"创业之星"模拟创业平台中,要注意不同的生产线设备的下线周期、混合生产能力等特性。根据销售预测的订单需求量,提前做好产品的生产排产计划。系统对按时交货要求很高,不允许延期交货,如不能按时交货将被处以高额罚金,同时还会影响消费者对企业的诚信印象,也会对后续采购带来不利的影响。因此,企业的生产一定要尽可能提前做好规划,在考虑期初库存产品以及生产的成品率等因素后,使企业生产的产品能充分满足销售的需要。在产能充足的情况下,企业也可以考虑留有一定数量的库存产品。

④ 产品库存管理。存货周转率对于企业的库存管理来说具有非常重要的意义。存货周转率在反映存货周转速度、存货占用水平的同时,也在一定程度上反映了企业销售实现的快慢,例如制造商的利益就是在"资金—原材料—产品—销售—资金"的循环活动中产生的,如果这种循环很快,也就是存货周转快,同额资金下的利润率也就更高。所以,一般情况下,该指标高,则表示企业资产由于销售顺畅而具有较高的流动性,存货转换为现金或应收账款的速度快,存货占用水平低。

（6）财务经理

企业的经营绩效最终反映到财务上，加强企业资金运转和利用效率，是财务经理的基本职责。财务经理负责对企业资金进行预测、筹集、分配与监控；做好每阶段财务预算，管好现金流，按需支付各项费用，核算成本；根据企业发展规划做好资金筹集工作，有效控制资金成本；做好财务报表分析与经营成果分析，为改善企业经营提供依据。

下面简要介绍财务经理的几项主要工作职责。

① 现金预算。现金预算是指预测企业还有多少库存现金，以及在不同时间点上对现金支出的需要量。

② 资金筹措。资金是企业开展生产经营活动的基本条件。资金筹措的一个重要内容就是确定最佳资本结构。长期资金是指企业可长期使用的资金，包括权益资金和长期负债。权益资金不需要归还，企业可以长期使用，属于长期资金。此外，长期负债也属于长期资金。有时，人们习惯把一年以上五年以下的借款称为中期资金，而把五年以上的借款称为长期资金。短期资金一般是指一年内要归还的短期借款。一般来说，短期资金的筹集主要解决临时的资金问题。比如，在生产经营旺季，资金需求比较大，可借入短期借款，度过生产经营旺季则归还。

长期资金和短期资金的筹资速度、筹资成本、筹资风险以及借款时企业所受的限制均有所不同。如何安排长期筹资和短期筹资的相对比重，是筹资决策要解决的另一个重要问题。

③ 成本控制。对于任何企业而言，成本都是衡量经济效益的一项综合指标，因为生产设备利用程度的合理与否，产出数量的多少以及经营管理水平的好坏等，都会直接或间接地从成本指标上显示出来。而此时公司财务经理所扮演的角色就是确定各种产品的构成要素，以分析降低产品成本的各种途径及其可行性，最终达到以低成本占领市场的目的，同时为公司的定价决策及盈利分析提供具有重要意义的参考依据。

企业经营中的总成本主要包括生产成本、销售成本和管理成本三大类。在"创业之星"模拟创业平台中，生产成本在企业总成本中占了绝大部分，通常能达到55%～60%。这与企业生产过程中的原料批量采购、厂房设备的组合等因素均有关。通过制订合理的批量采购计划，优化生产设备的组合，可以帮助企业较大幅度地降低生产成本，从而赢得市场竞争的先机。

④ 现金流管理。在创办一个新企业时，必须先解决两个问题：一是制订规划，明确经营的项目和规模；二是筹集必需的现金，作为最初资本。没有现金，企业的

规划就无法实施，不能开始运营。企业建立后，现金变为经营用的各种资产，在运营中又陆续变为现金。

在生产经营中，现金变为非现金资产，非现金资产又变为现金，这种流转过程称为现金流。这种流转无始无终、不断循环，称为现金循环或资金循环。

现金转变为非现金资产，然后又回复到现金，所需时间不超过一年的流转，称为现金短期循环。现金短期循环中的资产是短期资产，包括现金本身和企业正常经营周期内可以完全转变为现金的存货、应收账款、短期投资及某些待摊和预付费用等。现金流循环模式分为两种：短期循环和长期循环。

图5-6是现金短期循环的基本形式。

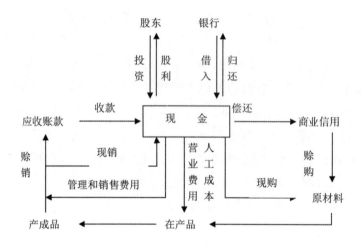

图5-6 现金短期循环的基本形式

现金转变为非现金资产，然后又回复到现金，所需时间在一年以上的流转，称为现金的长期循环。长期循环中的资产是长期资产，包括固定资产、长期投资、无形资产、递延资产等。

图5-7是现金长期循环的基本形式。

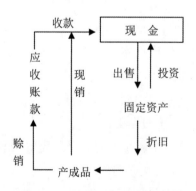

图5-7 现金长期循环的基本形式

现金是短期循环和长期循环的共同起点，在换取非现金资产时分开，分别转化为各种长期资产和短期资产。它们被使用时，分别记入"在产品"和各种费用账户，又汇合在一起，同步形成"产成品"，产品经出售后又同步转化为现金。

转化为现金后，不管它们原来是短期循环还是长期循环，企业可以视需要重新分配。折旧形成的现金可以买材料，原来用于短期循环的现金收回后也可以投资于固定资产。

⑤ 财务报表分析。财务报表分析是一种认知过程，通常只能发现问题而不能提供解决问题的现成答案，也只能做出评价而不能改善企业的经营状况。财务报表分析的目的是对企业的运营能力、盈利能力、偿债能力、发展能力做出系统检查与评价，发现可能存在的问题。

财务报表分析的方法主要有比较分析法、比率分析法和因素分析法三种。

比较分析法是财务分析中常用的一种基本分析方法，它是一种发现事物的差异，从而认识事物的科学方法。比较分析法是把两个经济内容相同，时间和地点不同的经济指标以减法的形式进行对比分析的一种方法。通过指标对比，具体地说明企业会计资料的变动情况，有助于财务报表使用者对企业做出初步评价。

比率分析法是通过计算各种比率指标来确定经济活动变动程度的分析方法。比率是一个相对数，采用这种方法，能够把某些条件下的不可比指标变为可以比较的指标，以利于进行分析。

因素分析法是依据财务指标与其驱动因素之间的关系，从数量上确定各因素对指标影响程度的一种方法。

企业是一个有机整体，每个财务指标的高低都受其他因素的驱动。从数量上测定各因素的影响程度，可以帮助人们抓住主要矛盾，或更有说服力地评价企业的经营状况。

以上六个角色是系统中的基本角色分工，当然，在具体运营管理中，团队成员可根据人员的数量情况及各人专长，合理调整各人职责，分工决策，以使团队效率发挥到最大，努力实现企业战略与经营目标，使企业在激烈的市场竞争中取得优势。

本章小结

（1）企业盈利的两个主要途径：一是扩大销售（开源）；二是控制成本（节流）。

（2）市场战略基本内容包括市场细分战略、市场选择战略、市场进入战略、市场营销竞争战略和市场营销组合战略。

（3）实施成本领先战略时需要注意以下事项：目标市场有足够的需求发展空间；防止降价过度导致利润率下降；保持对市场变化的预见能力；新加入者可能后来居上。

（4）市场战略可以分为市场细分战略、市场选择战略和市场进入战略等。

（5）企业对不同细分市场进行评估后，可考虑以下五种目标市场模式：密集单一市场；有选择的专门化；产品专门化；市场专门化；完全覆盖市场。

（6）财务部门重点要做好资金的筹措、成本的核算和现金的预算三个方面的工作。

拓展阅读

第六章

企业经营模拟流程

不同专业的学生要学习的知识结构可能会有所不同。为了使整个模拟演练效果更好,建议学生课前对创业有一个基本的认识,对创业中可能涉及的各方面知识进行初步的学习,包括企业战略、组织设计、市场营销、财务管理、生产制造、税务知识等方面。学生尤其要了解利润表、资产负债表和现金流量表三张基础的财务报表的结构与含义。这些知识的学习或补充将更好地帮助学生理解企业创业的全过程,从而让学生在"创业之星"实训中更好地开展创业活动,提升创业绩效。

第一节 企业简介

这里我们以一家研究、开发、生产、批发及零售智能手环的企业为例进行介绍。目前已经有若干家企业进入这个行业,企业成员将与其他企业展开激烈的市场竞争,当然也会有合乎各自利益的双赢合作。每个企业在经营之初,都将拥有一笔来自股东的600000元的创业资金,用于展开各自的经营,企业的股东团队即是企业的管理团队,企业将经历8个季度的经营,每个季度企业都有机会进行一系列的经营活动,比如产品设计、产品研发、原料采购、厂房购置、设备购置、生产工人的招聘调整与培训、产品销售、市场推广、资质认证等(见图6-1)。每个团队都需要仔细分析讨论每一步决策任务,并最终形成一致的决策,输入计算机。希望企业在经历完若干经营周期后,成为本行业的佼佼者。

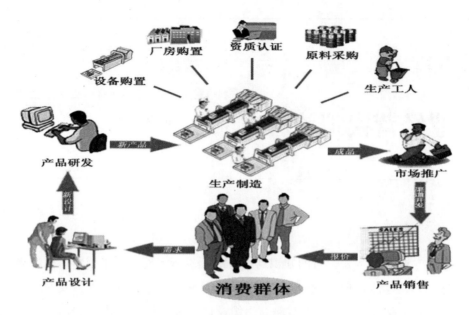

图6-1 制造企业经营活动

一、企业财务状况

所谓财务状况,是指企业资产、负债、所有者权益的构成情况及其相互关系。企业财务状况由企业对外提供的主要财务报告——资产负债表来表现。资产负债表是根据资产、负债和所有者权益之间的相互关系,即"资产＝负债＋所有者权益"的恒等关系,按照一定的分类标准和一定的次序,把企业特定日期的资产、负债、所有者权益三项会计要素所属项目予以适当排列,并对日常会计工作中形成的会计数据进行加工、整理后编制而成的,其主要目的是反映企业在某一特定日期的财务状况。人们通过资产负债表,可以了解企业所掌握的经济资源及其分布情况、企业的资本结构,可以分析、评价、预测企业的短期偿债能力和长期偿债能力,正确评估企业的经营业绩。

在企业经营模拟中,我们根据所涉及的业务对资产负债表中的项目进行了适当的简化,资产负债表的基本结构如表6-1所示。

表6-1 资产负债表(单位：百万)

编制单位： 年 月 日 单位： 元

资产	期末余额	年初余额	负债和所有者权益	期末余额	年初余额
流动资产			流动负债		
			非流动负债		

续表

资　产	期末余额	年初余额	负债和所有者权益	期末余额	年初余额
非流动资产			负债合计		
			所有者权益合计		
资产总计			负债和所有者权益合计		

从功能上说，资产负债表主要有以下四个方面的作用。

（1）反映资产及其分布状况

资产负债表能够反映企业在特定时点拥有的资产及其分布状况的信息。它表明企业在特定时点所拥有的资产总量有多少，以及具体资产是什么，例如，流动资产有多少，固定资产有多少，长期投资有多少，无形资产有多少等。

（2）表明企业所承担的债务及其偿还时间

资产负债表能够表明企业在特定时点所承担的债务、偿还时间以及偿还对象。如果是流动负债，就必须在1年内偿还；如果是长期负债，偿还期限就可以超过1年。因此，从资产负债表可以清楚地知道，在特定时点企业欠了谁多少钱，应该什么时候偿还。

（3）反映净资产及其形成原因

资产负债表能够反映在特定时点投资人所拥有的净资产及其形成的原因。净资产其实是股东权益，或者是所有者权益的另外一种叫法。在某个特定时点，资产应该等于负债加股东权益，因此，净资产就是资产减负债。值得注意的是，可以说资产等于负债加股东权益，但绝不能说资产等于股东权益加负债，它们有着根本性的区别。因为会计规则特别强调先人后己，也就是说，企业的资产首先要用来偿还债务，剩下的不管多少，都归投资人所有。如果先讲所有者权益，就是先己后人，这在会计规则中是不允许的。

（4）反映企业财务发展状况趋势

资产负债表能够反映企业财务发展状况的趋势。当然，如果人们孤立地看一个时点数，也许资产负债表能反映的问题不明显，但是如果把几个时点数排列在一起，所反映的企业财务发展的趋势就很明显了。

二、企业的经营成果

企业在一定时期的经营成果表现为企业在该时期所获得的利润，它是企业经济效益的综合体现,由利润表(又称损益表或收益表)来表达和体现。利润表把一定期间的营业收入与同一会计期间相关的营业费用进行配比,计算出企业一定时期的净利润(或净亏损)。利润表是收入与费用相抵后确定的企业经营成果的会计报表。利润表是一个动态报告,其项目主要包括收入、费用、利润三大类。三者遵循以下会计方程式:收入－费用＝利润。

在企业经营模拟中,我们根据涉及的业务对利润表中的项目进行了适当的简化,形成如表6-2所示的简易利润表。

表6-2 利润表(单位:百万)

编制单位: 年 单位:元

项目	行次	本年金额	上年金额
一、营业收入	1		
减:营业成本	2		
营业税费	3		
期间费用(营业费用、管理费用、财务费用)	4		
二、营业利润(亏损以"－"号填列)	10		
加:营业外收入	11		
减:营业外支出	12		
三、利润总额(亏损总额以"－"号填列)	14		
减:所得税	15		
四、净利润(净亏损以"－"号填列)	16		

从功能上说,利润表主要有四个方面的作用。

(1) 反映企业在一定期间内的经营成果

利润表可以反映企业在一定期间内的经营成果,或者通俗地说,它可以反映企业这段时间是赚钱还是赔钱。企业可以从利润表中得到一个结果,以便评价自身的经营成果与效率水平,从而衡量自身在经营管理上的成功程度。

(2) 有助于评价企业的获利能力

评价一个企业是否具有持久的盈利能力,主要看主营业务利润或营业利润。如果一个企业主营业务利润多,或营业利润多,则企业具有盈利能力;如果企业的营业外收入很多,可以认为企业能够创造利润,但不能判断企业是否具有盈利能力。根据利润表提供的经营成果数据,比较企业在不同时期以及与同一行业的不同企业在相同时期的有关指标,分析与企业利润相关的情况,可以评估、预测企业的获利能力,从而做出相关决定。

(3) 可以帮助判断企业的价值

企业的获利能力通常是评价企业价值的一个重要因素。比如某企业是一个上市企业，该企业本身的价值与其获利能力是有联系的，所以可以借助利润表来评价企业的价值。

(4) 预测企业未来盈利变化的趋势

从横向来看，利润表可以反映现金的来源与金额、企业的利息、有多少债务需要偿还以及企业的利润是多少，通过这些数字，可以预测企业未来的盈利能力。从纵向来看，通过分析企业各项收入、成本、费用与利润的变动关系，可以预测企业今后的发展趋势和获利能力。

三、股东期望

企业在生产经营活动、投资活动和筹资活动中，会涉及现金流量及其各项目现金的流入和流出，这表明企业获得现金和现金等价物的能力。现金流量表有直接法和间接法两种编制方法。现金流量表一般分为三部分内容，即经营活动产生的现金流量，投资活动产生的现金流量和筹资活动产生的现金流量。

在企业经营模拟中，我们根据涉及的业务对现金流量表中的项目进行了适当的简化，形成了如表6-3所示的简易现金流量表。

表6-3 现金流量表（单位：百万）

编制单位： 年度 单位：元

项目	行次	本年金额	上年金额
一、经营活动产生的现金流量	1		
二、投资活动产生的现金流量	12		
三、筹资活动产生的现金流量	25		
四、汇率变动对现金的影响	35		
五、现金及现金等价物净增加额	36		
期初现金及现金等价物余额	37		
期末现金及现金等价物余额	38		

人们通过现金流量表可以更好地了解企业的经营情况，特别是现金的变化状况。现金流量表的作用主要有如下几点。

(1) 反映企业净利润的含金量

现金流量表以现金制为基础，真实地反映企业当期实际收入的现金、实际支出的现金以及现金流入流出相抵后的净额。人们通过分析利润表中本期净利润与现金流量的差异，可以正确评价企业的经营成果。

（2）分析企业的偿债能力和支付股利的能力

投资者投入资金、债权人提供企业短期或长期使用的资金，主要都是为了企业能够获利。通常情况下，报表阅读者比较关注企业的获利情况，并且往往以企业获得利润的多少作为衡量企业经营水平的标准。企业获利多少在一定程度上表明了企业具有的现金支付能力。但需要注意的是，企业一定时期间内获得的利润并不代表企业真正具有偿债或支付能力。在某些情况下，虽然企业利润表上反映的经营业绩非常可观，但实际财务困难，并不能偿还到期债务；相反，有些企业虽然利润表上反映的经营成果并不可观，却有足够的偿付能力。产生这种情况有诸多原因，包括会计核算采用的权责发生制、配比原则等所含的估计因素不同等。现金流量表完全以现金的收支为基础，消除了会计核算中由于会计估计等所产生的获利能力和支付能力。但总体而言，通过现金流量表能够了解企业现金流入的构成，分析企业偿债和支付股利的能力，增强投资者的投资信心和债权人收回债权的信心；通过现金流量表，投资者和债权人可大致了解企业获取现金的能力和现金偿付的能力。

（3）分析企业未来获取现金的能力

现金流量表反映企业一定期间内的现金流入和流出的整体情况，可以清楚地显示企业现金从哪里来，以及运用到哪里去。现金流量表中的经营活动产生的现金流量，代表企业运用其经济资源创造现金流量的能力；投资活动产生的现金流量，代表企业运用资金产生现金流量的能力；筹资活动产生的现金流量，代表企业筹资获得现金流量的能力。通过现金流量表及其他财务信息，可以分析企业未来获取或支付现金的能力。例如，企业通过银行借款筹得资金，在本期现金流量表中反映为现金流入，但这也意味着企业未来偿还借款时要流出现金。又如，本期应收未收的款项，在本期现金流量表中虽然没有反映为现金的流入，但意味着企业未来将会有现金流入。

（4）了解企业所发生的其他重要信息

不涉及现金的投资与筹资活动与现金收支无关，却对企业有重要的影响。这些活动发生的当期不会产生现金流量，但是会对企业的资产结构及未来的现金流量产生重要的影响。通过分析这些资料，可以更加全面地了解企业的财务状况及经营成果。

四、三大财务报表的关系

财务报表是财务报告的主要组成部分,它所提供的会计信息具有重要作用,主要体现在以下几个方面。

(1) 全面系统地揭示企业一定时期的财务状况、经营成果和现金流量

经营管理人员可以通过财务报表了解本企业各项任务指标的完成情况,评价管理人员的经营业绩,以便及时发现问题,调整经营方向,制定措施,改善经营管理水平,提高经济效益,为经济预测和决策提供依据。

(2) 有利于国家有关管理部门了解国民经济的运行状况

通过对各单位提供的财务报表资料进行汇总和分析,国家有关管理部门可以了解和掌握各行业、各地区经济的发展情况,以便宏观调控经济运行,优化资源配置,保证国民经济持续稳定发展。

(3) 便于投资者、债权人和其他有关人员掌握企业的财务状况、经营成果和现金流量

投资者、债权人和其他有关人员可以通过财务报表了解企业的财务状况、经营成果,进而分析企业的盈利能力、偿债能力、投资收益、发展前景等,为他们投资、贷款和贸易提供决策依据。

(4) 有利于实现财政、税务、工商、审计等部门对企业经营管理的监督

财政、税务、工商、审计等部门通过财务报表可以检查、监督各企业是否遵守国家的各项法律、法规和制度,有无偷税漏税等违法行为。

如上文所述,反映企业经营基本状况的财务报表主要包括利润表、资产负债表和现金流量表。其中,利润表是反映企业一定经营期间经营成果的报表;资产负债表是反映企业某一时期财务状况的报表;现金流量表是反映企业一定经营期间资金流向的报表。这三张财务报表各有作用,将它们结合起来分析可以更全面地了解企业的经营状况、经营成果以及发展趋势。

三张报表之间的关系如下:资产负债表反映企业一定时期期末的财务状况,但无法解释财务状况形成的原因和过程;利润表说明一定时期的经营成果,却无法表达经营成果是否与现金流量相匹配;现金流量表是对资产负债表和利润表的补充和完善,现金流量表可以解释财务状况变动原因和过程,并说明经营成果对财务状况的影响。

第二节　模拟企业初始阶段

为了方便学生思考与决策，模拟企业运营中的所有经营决策将以任务方式发布。教师每发布一个任务，各团队的创业者就要完成企业在本季度的所有经营管理工作，并制定本季度企业的各项经营决策。

要注意的是，教师不会明确告诉学生要完成的具体决策内容，完全由学生自己分析决定。因此，每家企业的管理团队都应该采用整体规划、分步实施的方法，在每个运营期开始前，仔细理解规则并熟悉各项操作，首先应该对企业前一阶段的运营情况进行总结分析，结合市场形势的变化，确定下一阶段企业运营管理的基本思路与目标。之后将整体目标逐步分解，初步确定研发部、制造部、市场部、销售部、人力资源部、财务部等部门的具体工作内容与决策思路。图6-2列出了整个系统运营管理环节需要完成的各项决策任务，供学生在决策时参考。

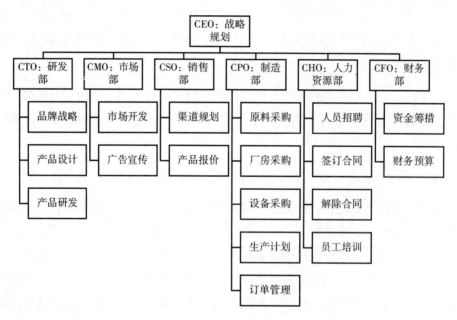

图6-2　各职能部门决策任务

一、公司成立

在模拟公司成立后，小组内的每位学生将分别担任公司各主要部门的负责人，主要角色包括总经理、人力资源经理、研发经理、营销经理、生产经理、财务经理等。

1. 总经理

总经理是一个公司的核心与灵魂，总经理负责制定与实施公司总体战略与各阶段经营计划；建立与健全公司的管理体系与组织结构；主持公司的日常经营管理工作，带领团队实现公司经营管理目标。

总经理的主要工作职责包括：组织经营会议；制定企业战略；确定经营目标；全面预算管理；业务竞争策略；企业绩效分析；团队业绩考核；市场竞争分析；人员分工协作。

2. 人力资源经理

"创业之星"中的人力资源经理工作并不多，但很重要。人力资源经理根据公司整体发展战略及部门用人计划，负责人员的招聘与录用；公司人力资源培训规划与员工关怀；跟踪分析人才市场供需状况；分析竞争对手与行业平均薪资水平；提升员工满意度，提升工作绩效。

人力资源经理的主要工作职责包括：人力选拔招聘；签订劳动合同；员工培训计划。

3. 研发经理

公司要取得领先的竞争优势，研发出客户需要的产品是基础。研发经理的职责是制订产品研发计划，组织新产品开发并进行有效的项目管理；完善现有产品，开发新产品，持续扩大和改善产品系列；有效控制研发成本；积极研究新技术，降低产品成本，提升性价比；打造有竞争力的研发团队，提升研发人员能力素质，提升研发人员满意度。

研发经理的主要工作职责包括：顾客需求分析；产品研发规划；产品品牌设计。

4. 营销经理

营销经理承担着市场职责与销售职责。公司能否取得良好的绩效，研发的产品能否销售出去，营销经理担负着重要的责任。作为公司对外的主要职能部门，营销经理负责分析市场环境，研究竞争对手，把握客户需求，制定公司市场营销战略和实施计划；组建营销团队，开发新的区域市场；对企业市场营销计划进行监督与控制；进行需求分析与销售预测，努力完成每阶段销售目标。

公司的利润是由销售收入带来的，销售实现是公司生存和发展的关键。销售和收款是公司的主要经营业务之一，也是公司联系客户的门户。为此，营销经理应结合市场预测及客户需求制订合理的销售计划，有选择地进行广告投放，取得与企业服务能力相匹配的客户订单，确保产品的交付实施，并监督货款的回收。

营销经理的主要工作职责包括：市场营销规划；营销团队组建；竞争对手分析；销售计划制订；区域市场开发；广告投放策略。

5.生产经理

所有产品的生产制造工作都由生产部门来完成。生产部门是整个公司中任务最重也是最烦琐的部门之一，涉及的任务与决策较多。同时，生产计划安排的合理与否以及生产成本是否有效控制，将直接影响到公司的市场营销策略与盈利状况。

生产经理的主要工作职责包括：物料需求计划；设备采购计划；生产作业计划；产品库存管理。

6.财务经理

公司的经营绩效最终反映到财务上，加强公司资金运转和利用效率，是财务经理的基本职责。财务经理负责对公司资金进行预测、筹集、分配与监控；做好每阶段财务预算，管好现金流，按需支付各项费用，核算成本；根据公司发展规划筹集资金，有效控制资金成本；做好财务报表分析与经营成果分析工作，为改善公司经营提供依据。

财务经理的主要工作职责包括：现金预算；资金筹措；成本控制；现金流管理；财务报表分析；财务指标分析。

以上六个角色是系统中的基本角色分工，当然，在具体运营管理中，团队成员可根据人员的数量情况及各人专长，合理调整每人职责，分工决策，以使团队效率发挥到最大，努力实现企业战略与经营目标，在激烈的市场竞争中取得优异成绩。

二、召开公司成立经营会议

企业正式组建成立后，首先应该召开企业的经营会议，讨论发展战略，并根据企业初始资金的情况做好现金预算管理与各阶段盈利预测。

企业经营规划会议由各企业的总经理组织召开。成立初的第一次经营会议至关重要，将决定企业的整体运营思路与经营战略，关系到后面运营的所有任务如何有效开展的问题。通过制定整体经营规划，可以让管理团队成员做到在经营过程中胸有成竹，有效预防经营过程中决策的随意性和盲目性，减少错误决策与经营失误；

同时，在制定整体规划时，各部门经理就各项决策达成了共识，可以使企业的各项经营活动有条不紊地进行，可以有效提高团队的战斗力和向心力，使团队成员之间更加团结、协调。

经营会议涉及企业的发展战略规划、人力资源规划、产品规划、营销规划、生产规划、财务规划等。要做出科学合理的规划，企业应当结合目前和未来的市场需求、竞争对手可能采取的策略以及本企业的实际情况进行。在进行规划时，企业首先应当对市场研究报告进行深入分析，包括用户需求状况、市场竞争形势等，对市场进行较为准确的预测，包括预测各个市场产品的需求情况和价格水平，预测竞争对手可能的市场策略与产品策略。在此基础上，各部门经理针对本部门的情况提出具体的工作规划。管理团队针对各部门提供的计划进行综合讨论，在充分考虑各方面因素和权衡利弊后，做好企业整体经营规划，制定企业的战略发展目标。

第三节 企业试经营

一、一些基本理论

正所谓"凡事预则立，不预则废"。在企业试经营阶段必须制定相应的战略，同时还需要注意一些关键的财务指标。下面简单介绍与此有关的一些理论知识。

1.企业战略和战略层次

企业战略是指企业根据环境的变化、本身的资源和实力选择适合的经营领域和产品，形成自己的核心竞争力，并通过差异化在竞争中取胜。企业战略一般包括三个层次，即企业层战略、事业层战略和职能层战略。

（1）企业层战略

如果企业拥有一种以上的事业（产品）就需要使用企业层战略。企业层战略关心的问题为企业的事业（产品）是什么，以及企业应拥有什么样的事业（产品）组合。企业层战略行为一般涉及拓展新的业务，如事业单元、产品系列的增加（或剥离），以及在新的领域与其他企业组建合资企业等。企业层战略应当决定每一种事业（产品）在企业中的地位。

(2) 事业层战略

当一个企业从事多种不同的事业（产品）时，建立事业层战略更便于对企业进行计划和控制。事业层战略代表单一的事业或相关的业务组合，强调每一个事业单元都应当有自己独特的使命和竞争对手。

因此，企业的经营可以看作一种事业组合，每一个事业组合的单元都有其明确定义的产品和细分市场，并具有明确定义的战略。事业组合中的每一个事业单元按照自身能力和竞争的需要开发自己的战略，同时必须与整体的组织能力和竞争需要保持一致。

事业层战略关心的问题是在自己的事业领域里如何进行竞争，该事业单元提供的产品或服务有哪些，以及面向哪些顾客提供产品或服务。其战略行为包括广告宣传、研究与开发、设备条件的改善以及产品系列拓展、收缩的方向和程度。

全部事业单元必须符合作为一个整体的企业的利益，在可接受和控制的风险水平下，使销售、收益和资产结构获得均衡发展。

(3) 职能层战略

职能层战略发挥的主要作用为支持事业层战略。职能部门如研发、制造、市场营销、人力资源和财务部门，在职能层战略上应当与事业层战略保持一致。

各企业应当根据对企业经营模拟市场的预测和企业成员的决策风格来确定各自的经营战略，并将战略分解到各个层次，以便于将来执行。

2.常见的财务指标

除上述内容以外，在第一季度的经营模拟中，我们还需要注重对一些关键的财务指标的计算和理解，这些财务指标对企业的财务状况和经营成果进行剖析，为有关方面特别是为股东提供企业盈利能力、财务状况、偿债能力、营运能力等财务信息，帮助企业的决策者做出判断并制定相应的决策，从而为企业的财务规划、财务运作、财务控制提供依据。

(1) 毛利率

毛利率主要衡量企业每销售1元所赚取的利润，是获利的初步指标。其计算公式为：

$$毛利率 = \frac{毛利}{销售额} \times 100\%$$

(2) 销售利润率

销售利润率也称为边际利润率,是毛利率的延伸,代表销售的实际利润,反映企业经营的好坏,毛利率相同的企业,销售利润率可能不同。销售利润率的计算公式为:

$$销售利润率 = \frac{营业利润}{销售收入} \times 100\%$$

(3) 总资产周转率

总资产周转率主要考察企业资产运用情况及通过使用资产而产生销售额的能力。总资产周转率的计算公式为:

$$总资产周转率 = \frac{销售收入}{总资产} \times 100\%$$

(4) 债务权益比率

债务权益比率又称为产权比率,反映权益资本对债务资本的保障程度。债务权益比率的计算公式为:

$$债务权益比率 = \frac{负债总额}{所有者权益总额} \times 100\%$$

(5) 现金流量结构比率

现金流量结构比率主要说明企业经营活动产生的净现金流量在现金净流量总额中所占的比例。该比率通常越高越好。现金流量结构比率的计算公式为:

$$现金流量结构比率 = \frac{净利润 + 折旧}{现金流总额} \times 100\%$$

(6) 速动比率

速动比率是对企业短期偿债能力迅速性的测试。仅计算流动资产中变现能力最强的部分与流动负债的比值。速动资产＝现金＋有价证券＋应收账款。速动比率的计算公式为:

$$速动比率 = \frac{速动资产}{短期负债} \times 100\%$$

(7) 销售收入增长率

销售收入增长率是一个企业在一定时期内销售收入的变化程度。常用来估计销售收入的增长率或过去几年销售收入的平均增长率。通常情况下销售收入增长率越高,企业产品的销售量就会增加得越多,市场份额就会越大,未来的增长也就越乐观。销售收入增长率的计算公式为:

$$销售收入增长率 = \frac{本期销售收入 - 上期销售收入}{上期销售收入} \times 100\%$$

不同的财务比率反映企业不同的情况，其中，毛利率和销售利润率反映企业的盈利能力；总资产周转率反映企业的营运能力；债务权益比率反映企业的资本状况；速动比率反映企业的偿债能力；销售收入增长率反映企业的可持续发展能力。

二、产品的决策

研发部决定产品的设计，由技术经理（CTO）负责研发部的日常运营管理工作。

作为企业的核心部门之一，研发部门承担着产品研发设计的重要工作。如果没有满足消费者需求的产品，企业的所有工作将无从开展。研发部要在对消费者的需求进行充分分析与调查的基础上，根据企业的整体战略规划制订未来产品的设计与研发计划，包括产品品牌数量、产品的原料构成、产品的需求分析等。设计出满足消费者需求的产品是企业提升产品销量的基础，同时也有利于企业有效地控制产品成本和质量，提高产品的性价比。

产品的设计应以消费者的需求为出发点，充分考虑消费者的需求情况，同时也要考虑该领域市场的规模大小及未来的发展潜力。研发部应与企业的营销部密切配合，共同规划做好产品品牌设计与研发工作。

在模拟市场环境下，企业可以研发设计多种产品，以满足不同消费群体的需求。不同产品在产品设计上会有所不同，所花费的成本与所投入的时间也会不同。企业需配合企业战略规划并实行单一品牌战略或多品牌战略，即企业可以选择研发一种产品，也可以选择研发多种产品。特定市场对某种产品的需求有限，企业为获取更大的利润，需要卖出更多的产品。因此，企业需要做出是否进行多产品研发的决策。

研发部在规划产品研发时，应当注意下面两个问题。

1.企业的产品研发策略是什么？

由于企业可以研发的产品多种多样，企业首先要做出研发哪些产品的决策。而一般来说，企业的资金、人员有限，且在不同阶段，不同产品的市场需求不同，企业很难在开始时就全力投入研发或生产所有产品，因此，企业应该根据市场需求趋势及竞争对手的情况进行合理规划。

2.企业什么时候开始研发什么产品？

企业做出研发哪些产品的决策后，还要考虑什么时候开始研发以及研发什么产品的问题。不同的产品可以同时研发，也可以分阶段研发。企业可以根据市场、资金、人员、竞争对手等情况进行综合考虑。研发部每季度需要完成的决策任务见表6-4。

表6-4 研发部每季度需要完成的决策任务

决策任务	任务说明
品牌设计	根据企业战略及消费者需求分析，针对不同消费者设计相应的产品品牌及原料构成。市场上可能有多类消费群体，不同的消费群体有不同的需求。可以选择面对一类或多类消费群体设计相应的品牌，也可以针对一类消费群体设计单一或多个品牌，通过品牌组合来达到满足消费者需求的目的
产品研发	对完成设计的产品品牌，如果产品构成比较复杂，涉及的原料品种较多，还需要花一定的时间和费用来进行前期产品研发工作。研发工作全部完成后，产品才可以正式生产制造及投入市场进行销售

1.品牌设计决策

在"创业之星"模拟创业平台上，需要根据企业的发展战略与经营目标，使企业设计生产的产品贴切消费者的需要，并争取最大的市场份额。企业在产品设计上可以采取多品牌战略或单一品牌战略（见图6-3）。根据对背景环境的研究及企业的战略规划，设计企业的产品品牌。

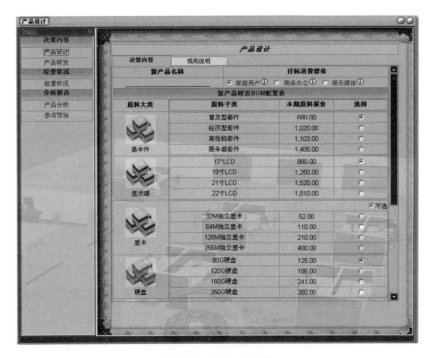

图6-3 产品设计决策

2.产品研发决策

在"创业之星"模拟创业平台上,产品设计完成之后,还需要对设计的产品进行研发,研发完成之后才允许生产。根据产品原料的组合情况,不同设计的产品的研发周期也不相同。一般而言,原材料组成种类越多,设计的复杂性越高,所要花费的研发时间会越多。在产品设计的时候,"创业之星"模拟创业平台会同时提示组成产品的原材料成本以及设计需要的周期时间。

进入企业场景,点击"研发部",在弹出窗口中选择"决策内容－产品研发",完成企业相关产品的研发投入工作,产品的研发工作全部完成之后,才允许正式生产制造该产品(见图6-4)。

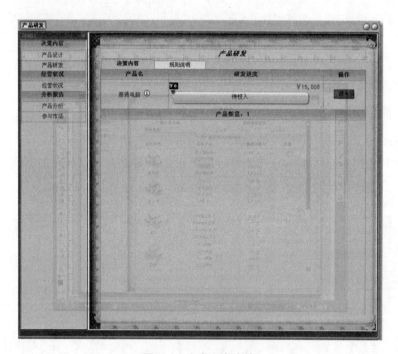

图6-4 生产研发决策

三、生产计划及决策

生产经理(CPO)负责生产制造部日常运营管理决策。

生产制造部行使对产品生产过程中的管理权限,要根据企业的整体发展规划,合理地组织企业产品生产过程,综合平衡生产能力,科学地制订和执行物料采购计划和生产作业计划,以实现用最小的合理投入达到最大产出的管理目的,保障销售部销售工作的正常开展及供货。制造部每季度需要完成的决策任务见表6-5。

表 6-5　制造部每季度需要完成的决策任务

决策任务	任务说明
原料采购	根据企业研发设计的所有产品品牌，计算所需要的各类原料的数量，并根据原料的到货周期及销售计划，合理做好物料采购计划，保障生产计划的正常执行
厂房购置	生产产品的设备需要安置到厂房中。要完成设备的安装生产，首先需要做好厂房购置工作。厂房有多种不同的类型，企业既可购买也可租用，应根据企业的资金状况及规划来定
设备购置	所有原料通过生产设备生产为设计好的产品，设备只能购买，不同的设备类型其产能、价格等参数均不相同，需要根据企业生产规划和资金状况来确定购买的生产设备组合
资质认证	随着市场竞争的激烈与管理体系的成熟，部分市场对于要进入的企业提出了更高的要求。企业必须通过相应的资质认证才能进入相应的市场开展产品销售工作。资质认证需要投入一定的时间及费用，如果企业要进入的市场在未来有认证要求，企业应根据市场要求的变化提前做好资质认证规划
生产工人	所有的生产线设备都需要人力资源部招聘生产工人才能开工生产。所有的生产工人的能力在初始状态时是相同的，不同的生产线设备可以安置的最大工人数量不同，生产线上工人总的能力就是每个工人最大生产能力的总和。一条生产线设备每个季度的最大产能，由生产线上工人总生产能力和设备的最大产能二者中较低者决定。因此，要计算生产线设备的实际产能，不仅要计算生产线额定最大产能（去掉加工中产生的废品），还要考虑工人的最大加工生产能力。设备产能不足，则对设备进行改造升级；工人能力不足，可以对工人进行培训，提升工人的生产能力
生产计划	制造部门要根据企业市场销售的安排按时按量生产出相应数量的产品，确保接到订单后能按时交货，否则企业将会受到订单违约的惩罚。在生产设备安装好后，生产某一品牌产品的所有构成原料均已采购入库，这时候就可以针对相应的生产设备安排产品的生产计划。如果有多个品牌产品需要安排生产，要对所有生产设备做好计划安排与任务分工，以确保所有产品均能按要求落实生产，同时也使生产设备的利用率达到最大化，有效降低产品的生产成本

进入企业场景后，点击"制造部"，会出现与生产制造有关的操作内容，主要包括原料采购、厂房购置、设备购置、资质认证、生产工人、生产计划等内容。

1.原料采购决策

进入企业内部场景，点击"制造部"，在弹出窗口中选择"决策内容－原料采购"，根据产品品牌的原料构成、销售预测、到货周期等信息，完成所有需要生产产品的原料采购（见图6-5）。

在采购产品原料时要注意的是,这里所有的单价都是指不含税的价格,实际支付的金额是最右边的价税合计金额。此外,不同原料的订货周期是不同的,要根据企业整个生产计划的安排提前做好所有原料的采购计划。

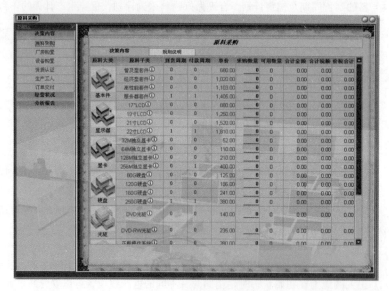

图6-5 原料采购决策

2.厂房购置决策

进入企业内部场景,点击"制造部",在弹出窗口中选择"决策内容－厂房购置",根据企业生产规模的需要以及现金状况,通过购买或租用的方式获取相应的厂房(见图6-6)。

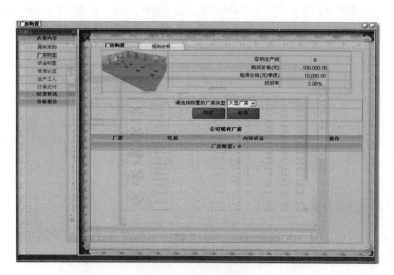

图6-6 厂房购置决策

3. 设备购置决策

进入企业内部场景，点击"制造部"，在弹出窗口中选择"决策内容－设备购置"（见图6-7）。

需要注意的是，生产设备只能购买，不能租用，不同类型的生产设备其相关参数也有较大差异。如何选择适合的设备组合来满足企业当期或未来生产制造的需要，是生产部门的一项重要任务。

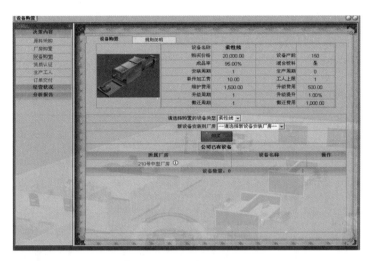

图6-7 设备购置决策

4. 资质认证决策

进入企业内部场景，点击"制造部"，在弹出窗口中选择"决策内容－资质认证"。对企业确认要投资的认证体系投入认证费用（见图6-8）。

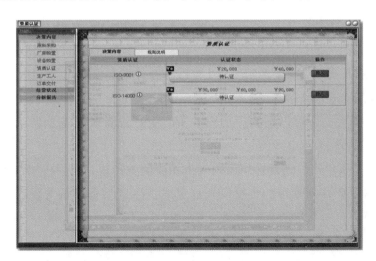

图6-8 资质认证决策

这里的认证是对整个企业的生产资质进行的认证。如果市场要求认证，企业应根据各类认证的投入时间周期提前做好认证资质的开发投入，以确保市场开始要求认证资格时，企业已经拿到相关认证的资质证书。

5.生产工人决策

进入企业内部场景，点击"制造部"，在弹出窗口中选择"决策内容－生产工人"，对制造部门现有的所有生产工人进行管理；对不需要的人员可以点击辞退申请，并递交到人力资源部，由人力资源部安排解除劳动合同，从下一季开始正式离职（见图6-9）。

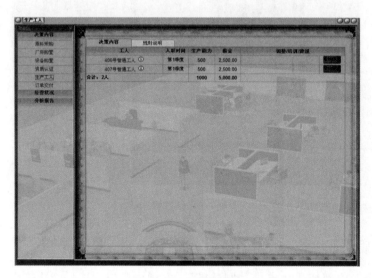

图6-9　生产工人决策

6.生产计划决策

进入企业内部场景，点击"生产车间"，在弹出窗口中可以看到所有的厂房情况及生产设备情况。如果要对某一条生产线进行计划编排，就点击这个生产线所在的厂房后面的"进入"标志，进入该厂房。

进入厂房后，就可以看到厂房内的所有生产设备及设备上的工人数量（见图6-10）。

要对某一条生产线进行操作，则点击相应的生产线，在弹出窗口中完成对该生产设备的生产计划编排，也可以在这里对该生产设备进行升级、搬迁等操作（见图6-11）。

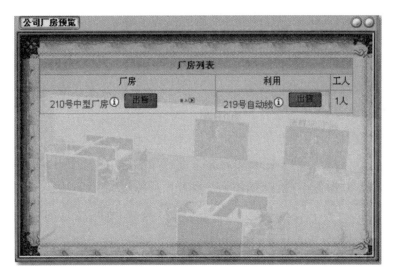

图6-10 生产计划决策

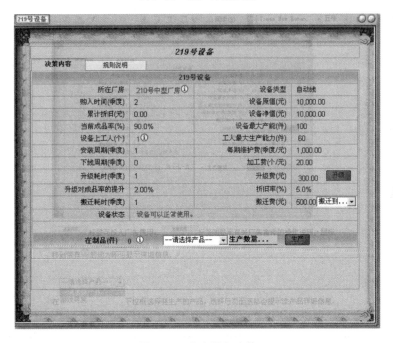

图6-11 生产设备决策

四、市场决策

一般由市场经理（CMO）负责市场部的日常运营管理工作。

市场决策是指运用各种科学方法，对企业的外部环境、市场地位、资源条件和内部能力等进行技术经济效果的质量分析，从而合理确定企业的目标市场，并且在此基础上创造和设计多种可代替的可行的行动方案，结合其他非定量的相关因素，经过综合分析、判断，根据经济合理的原则，从中确定一个最佳的方案付诸实施，开拓市场，促进企业发展。

在进行市场投入开发时，企业应当明确以下问题。

① 企业的营销策略是什么？

企业的营销策略是企业在经营活动中为完成目标所采用的手段、途径和方法。企业可以根据市场产品价格决定要进入的市场，也可以根据市场需求选要进入的市场，还可以把这两个因素综合起来进行考虑。企业在指定营销策略时，最重要的一点是根据资金情况来决定需要开拓哪些市场，以及开拓多大范围的市场。

② 企业的目标市场是什么？

企业应当根据自身营销策略和各个市场产品的需求状况、价格水平、竞争对手的情况等明确企业的目标市场。

③ 什么时候开拓目标市场？

在明确目标市场后，企业还要考虑什么时候进入目标市场的问题。企业应当结合资金状况和产品生产情况明确企业目标市场的开拓时间。此外，企业拿到销售订单后需要及时交付产品，否则，可能会因为不能按时交付而缴纳违约金，因此在确定开拓目标市场的时机时，还要考虑企业资金的状况及生产能力的配置情况。市场部每季度需要完成的决策任务见表6-6。

表6-6 市场部每季度需要完成的决策任务

决策任务	任务说明
市场开发	根据企业制定的营销策略，在企业发展的不同阶段，结合企业整体规划及生产制造能力，选择需要开发的市场，确定要投入的开发费用，市场开发成功后，派驻销售人员展开销售工作
广告宣传	可以使用的广告宣传方式很多，如高铁、地铁、公交车体及站台广告，社区灯箱广告，地铁公交广告宣传，LED屏幕广告投放，电视视频广告投放等

1.市场开发决策

进入企业内部场景，点击"市场部"，在弹出窗口中选择"决策内容－市场开发"，选择需要开发的市场，投入市场开发费用（见图6-12）。如果某个市场开发需要多个周期才能完成，在后面的经营中，还需要持续完成市场开发投入，直到完成该市场的全部开发工作。

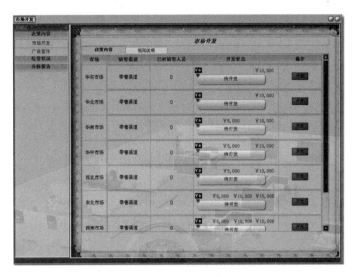

图6-12 市场开发决策

2.广告宣传决策

进入企业内部场景,点击"市场部",在弹出窗口中选择"决策内容－广告宣传",确定该季度企业计划投入的广告费用(见图6-13)。

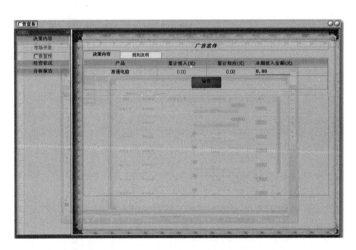

图6-13 广告宣传决策

五、销售决策

1.销售人员决策

进入企业内部场景,点击"销售部",在弹出窗口中选择"决策内容－销售人员",对销售部门的所有销售人员进行工作安排(见图6-14)。

对销售人员的安排主要包括管辖区域调整、培训计划以及辞退计划。其中，管辖区域调整直接由销售部完成；对相关销售人员的培训计划和辞退计划，需要由销售部负责人提出，再由人力资源审核，同意后由人力资源部解除与该员工的劳动合同关系，该员工从下一季度开始被正式辞退，本季度仍将继续工作。

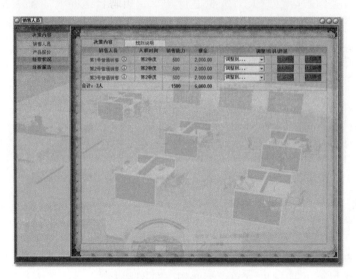

图6-14　销售人员决策

2.产品报价决策

进入企业内部场景，点击"销售部"，在弹出窗口中选择"决策内容－产品报价"，填写各产品的市场报价以及期望的最大订货数量（见图6-15）。

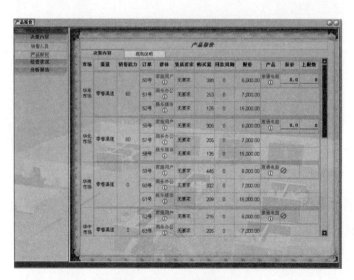

图6-15　产品报价决策

六、人力资源决策

人力资源经理（CHO）负责人力资源部的日常运营管理工作。

人力资源部最重要的工作就是根据企业战略规划与经营发展的需要制定相应的人力资源发展战略，对企业人力资源进行开发，招聘合适的人才，提高员工的整体素质。

人力资源部每季度需要完成的决策任务见表6-7。

表6-7 人力资源部需要完成的决策任务

决策任务	任务说明
人员招聘	大多数企业的人员招聘流程为：第一步，确定人员需求，制订招聘计划；第二步，选择招聘方式；第三步，面试前准备；第四步，员工录用；第五步，入职前培训
签订合同	所有人员招聘进来以后，不管是管理人员、销售人员，还是生产工人，均需要签订正式劳动合同，同时企业要为员工办理社会保险
解除合同	如果企业因为经营规划的调整，或在具体用人需求上发生变化，可以向不再需要的员工发出解聘通知，解除劳动合同

1.人员招聘决策

在模拟平台，需要招聘的企业员工包括销售人员和生产工人两类。进入主场景，点击"交易市场"，进入后，点击"人才市场—招聘销售人员"，在弹出窗口中完成销售人员的招聘决策（见图6-16）。

图6-16 销售人员招聘

进入主场景，点击"交易市场"，进入后，点击"人才市场－招聘生产工人"，在弹出窗口中完成生产工人的招聘决策（见图6-17）。

图6-17　生产工人招聘

2.签订合同

不管是管理团队成员，还是招聘的销售人员、生产人员，在正式入职后都要签订劳动合同，企业为他们办理社会保险。进入企业内部场景，点击"人力资源部"，在弹出窗口中选择"决策内容—签订合同"，与招聘的人员签订劳动合同（见图6-18）。

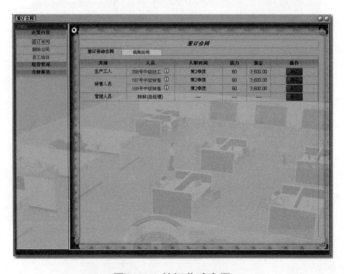

图6-18　签订劳动合同

3. 解除合同

如果需要对不适用的员工解除劳动合同，首先需要由相关部门提出解聘申请，再在人力资源部完成劳动合同解聘事项。进入企业内部场景，点击"人力资源部"，在弹出窗口中选择"决策内容—解除合同"，列表显示相关部门已提交辞退的人员清单，人力资源确认是否正式解除劳动合同，如果确定解除，点击"辞退"按钮（见图6-19）。

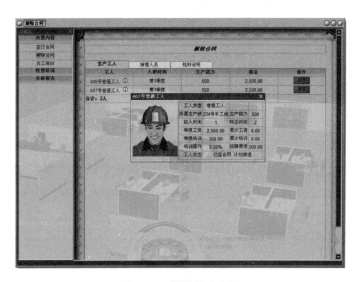

图6-19 解除劳动合同

七、财务决策

财务经理（CFO）负责财务部的日常管理工作。

企业在经营过程中的各项工作，如人员招聘、产品研发、市场开发、广告宣传等都离不开资金支持。资金是企业生存发展的命脉及开展各项工作的基础，企业如果没有资金就无法开展任何工作。因此，财务部的首要工作是做好现金预算，根据企业不同发展阶段的工作需要，合理安排并使用资金，保障企业正常运转的各项支出，提升资金运作的效率。

要有效控制资金的使用，财务部首先要编制现金预算表。而要编制现金预算表，财务部就要详细记录各个阶段每一笔现金收入与支出的情况。企业的现金收入主要有两种情况：正常经营过程中，通过销售企业研发生产的产品带来收入；资金紧张情况下，通过向银行借款来弥补现金的不足，满足企业生产经营的需要。

企业在追求利润最大化时，应当充分考虑资金的情况，谨防一味扩张导致企业出现现金断裂的情况。如果企业在特定时期未能及时筹资而又需要大量现金支出，企业可能就会破产。在模拟平台的系统运营中，平台会通过高利贷的方式为企业提供额外借款，目的是使企业继续运营下去，但是企业将为此支付高额借款利息，同时最终经营成绩将被扣分。因此，财务部要充分做好资金的运作管理，在追求利润最大化的同时，充分考虑资金的安全情况，既要最大限度地提高资金利用效率，发挥资金的作用，达到资产保值或增值的目的，又要考虑资金使用不当可能给企业带来的风险。

在充分利用自有资金及借款资金保障企业运营的前提下，财务部还要做好财务数据的分析工作。人力资源管理的最终目标是提升企业经营绩效，而财务指标则是经营绩效最直接的反映。财务部在对企业每一阶段的财务报表进行分析的基础上，可以进一步从企业的盈利能力、运营能力、偿债能力、发展能力等方面对企业进行综合分析评价，以全面分析企业经营得失，发现企业经营管理中存在的问题，便于企业在后续经营中加以改进与完善。

企业内部各部门工作的开展都需要财务部的支持，因此，要做好各项决策任务，财务部要与各部门保持密切的联系，在企业整体战略发展规划的指引下，通过合理的资金调度安排，充分保障各部门战略的有效实施，完成企业阶段经营目标。

财务部每季度需要负责完成的决策任务见表6-8。

表6-8　财务部需要负责完成的各项决策任务

决策任务	任务说明
现金预算	在每季初根据企业的整体规划与季度经营目标，编制现金预算表。在现金预算的编制过程中应与其他各部门充分沟通，将各部门制定的工作方案汇总到财务部完成现金预算，以满足各个部门开展工作的需要
银行借款	根据企业经营计划确定的资金使用计划，合理制订资金筹措计划，并根据需要到银行办理所需的借款。所有借款都要求到期时必须按时归还，因此在借款时要提前做好资金预算，在借款到期前准备好充足的资金

1.现金预算

进入企业内部场景，点击"财务部"，在弹出窗口中选择"决策内容—财务预算"。根据企业本季度的整体规划及各部门的经营计划，制订企业本季度的财务现金预算表。

2.银行借款

进入主场景，点击"创业银行"，进入后，点击"信贷业务"窗口，在弹出窗口中完成借款决策任务（见图6-20）。

图 6-20　借款决策任务

第四节　企业综合经营管理应用

一、教学目的

这一部分是整个创业环节的第三阶段，即企业正式成立后的运营管理。这部分通过对创办企业若干周期的运营管理，学生可以更好地体会企业的基本运作管理方法，处理可能遇到的各种问题，从而对相关的管理知识有更为具体形象的理解，对创业风险有更深刻的认知。

"创业之星"第三部分创业管理环节的模拟实训，以模拟仿真的手段和形象的操作界面，帮助创业者快速掌握初创企业在实际运营过程可能出现的各种状况以及需要完成的各项经营决策，包括企业战略规划、财务预算、产品研发、市场分析、市场开发、营销策略、生产制造、竞争分析等。帮助创业者积累实战经验，从而使创业者在实际创业时能够少走弯路，规避可能出现的各类风险，快速成长壮大。

创业管理环节是"创业之星"模拟创业平台的核心，也是创业者在实际创业过程中最缺乏经验的部分。绝大部分创业者创业失败，都是因为没有任何管理经验，他们在做好基础准备工作之前仅凭一腔创业热情就开始了创业活动。

二、教学内容与目标

在创业管理阶段,主要教学内容围绕企业注册成立后的初始阶段的运营管理展开。这一部分教学和实训的主要内容包括以下几点。

① 熟悉企业运营管理的基本知识。
② 学习如何制定企业战略。
③ 学习基本的市场营销知识,能根据市场形势的变化调整相应的营销策略。
④ 学习基本的财务管理知识,能看懂三张财务报表,能做基本的财务预算。
⑤ 学习产品研发与设计的基本知识,学习消费者需求分析的基本方法。
⑥ 认识基本的ERP知识,能根据企业战略与营销推广计划合理制订生产计划。
⑦ 学习企业经营中基本的税务知识,认识常见税种及其交纳方法。
⑧ 学习基本的人力资源知识,学习与社会保险相关的政策及其缴纳方法。
⑨ 提升团队协作与沟通能力,提升执行力。

通过"创业之星"的创业管理环节实训,帮助创业者系统地掌握企业运营管理过程中涉及的各项经营管理知识,学习如何制定各项经营决策,防范经营过程中可能出现的各类风险,在不冒任何风险与轻松模拟体验中积累企业经营管理经验,从而提升实际创业的成功率。

三、实训设备及工具

企业经营模拟电子沙盘实训室,"创业之星"电子沙盘软件,投影,屏幕广播软件,独立操作系统支持。

四、实训内容及步骤

1.实训内容

在模拟背景下,掌握企业战略规划、市场营销、财务管理、产品设计、产品研发、生产制造、绩效分析、创业融资、常见风险与防范、团队沟通与合作等基本知识,并学会应用,完成企业1—8季度试运营。

2.实训步骤

围绕创业企业发展的生命周期,制定各项决策,并最终推动企业成长壮大(见图6-21)。

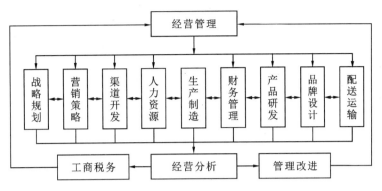

图6-21 企业发展的流程

学生完成企业的全部创业准备工作后,接下来就可以进入创业管理阶段。首先,在教师端程序点击"任务进度控制"菜单,点击"进入第1季度经营",结束创业准备阶段的各项工作,进入创业企业运营管理阶段。

如不需要做前面的工商税务登记流程任务,教师可以控制程序直接跳转到后面的创业管理环节。在教师端点击"系统参数设置－基本环境设置",将"是否跳过企业注册流程"一项选择"是",再按上面步骤点击"任务进度控制"菜单,点击"进入第1季度经营",即可跳过工商税务登记注册环节。

在创业管理阶段,各小组在规定时间内一次性完成所有的经营决策。在每一季度时间截止前,小组成员可以反复对决策的内容进行调整修改。一旦教师端控制结束该季度运营,学生就不能再修改已完成的所有决策。每一季度需要完成的决策,除个别任务外,大部分不分先后次序,可由每位成员根据企业的策略同时制定相关决策。

本章小结

(1)资产负债表主要有以下四个方面的作用:反映资产及其分布状况;表明企业所承担的债务及其偿还时间;反映净资产及其形成原因;反映企业财务发展状况趋势。

(2)利润表主要有四个方面的作用:反映企业在一定期间内的经营成果;有助于评价企业的获利能力;可以帮助判断企业的价值;预测企业未来盈利变化的趋势。

(3)现金流量表的作用主要有如下几点:反映企业净利润的含金量;分析企业的偿债能力和支付股利的能力;分析企业未来获取现金的能力;了解企业所发生的其他重要信息。

（4）财务报表提供的会计信息具有重要作用，主要体现在以下几个方面：全面系统地揭示企业一定时期的财务状况、经营成果和现金流量；有利于国家有关管理部门了解国民经济的运行状况；便于投资者、债权人和其他有关人员掌握企业的财务状况、经营成果和现金流量；有利于实现财政、税务、工商、审计等部门对企业经营管理的监督。

（5）常见的财务指标有毛利率、销售利润率、总资产周转率、债务权益比率、现金流量结构比率、速动比率、销售收入增长率等。

拓展阅读

第七章

企业经营模拟实训

本章重点介绍了创业的核心环节：企业的运营管理。企业只有通过各类运营活动的开展才能成长壮大并获得收益。不论创办何种类型的企业，在创办初期和成长阶段，都可能会面临企业战略、市场营销、财务管理、生产制造、人力资源等各方面的管理内容的挑战。如何灵活理解并运用企业管理各方面的知识，客观全面地分析行业市场，为消费者提供更有竞争力的产品与服务，是企业在创办初期所面临的关键问题。

通过"创业之星"模拟实训平台的综合训练，创业者可以更好地认识现实企业创业所要经历的各个阶段，并对企业经营管理的各个环节有一种全面真实的决策体验，从而对企业的创业管理有着更感性更直接的理解，并规避企业创办过程中可能出现的各种风险。

第一节 教学目的

结合经济管理类各专业不同的知识背景与实际案例，运用分岗实验的模式，让学生采用分工合作或者独立方式完成一整套经济业务数据，使学生在分析市场、制定战略、营销策划、组织生产、财务管理等一系列活动中，体悟科学的管理规律，培养团队精神，全面提升管理能力。

第二节 教学内容与目标

运用经济管理多学科理论，以任务驱动模式为主，让学生参与多种类型经营任务，利用任务驱动学生在学习过程中潜移默化地掌握新知识、新理论；让学生通过该课程的实验学习和操作，全面系统地掌握企业运营管理过程中的决策与执行过程，包括完成企业经营管理业务流程，企业经营管理中生产业务模拟操作，企业经营管理过程的投资管理业务，企业经营管理中供应商、客户管理模拟，企业经营管理中的人力资源管理模拟操作等。

第三节　企业运营决策流程

企业运营决策流程包括各模拟企业进行日常运营时必须执行的工作任务及必须遵守的工作流程。由CEO主持，小组成员按照系统导航所列工作内容及先后顺序开展工作，每执行完一项操作，CEO将操作过程跟小组成员确认，以示完成；如果涉及现金收支业务，财务总监在Excel表内填写现金收支情况。

一、各部门流程

现将企业运营决策流程各部门的操作简要介绍如下。

1.研发部

研发部负责企业新产品的研究与开发工作。点击"研发部"，弹出窗口会显示研发部需要完成的决策任务以及相关操作。

①产品设计。点击"决策内容－产品设计"，根据消费者需求分析的情况及企业发展战略设计需要生产的产品，产品由企业拟定名称，并确定产品原料配置清单及计划针对的消费群体。设计好后点击"保存"。

完成设计的产品，在窗口最下面的所有产品列表，将鼠标移到产品名称旁的"❶"标志上，会显示出该产品的原料配置清单及研发进展等信息（见图7-1）。

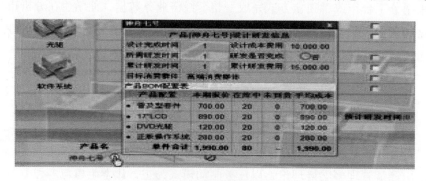

图7-1　原料配置清单

②产品研发。不同设计的产品复杂程度不同,其需要投入的产品研发时间也不相同。点击"决策内容－产品研发",根据窗口提示完成已设计好的产品的研发投入(见图7-2)。

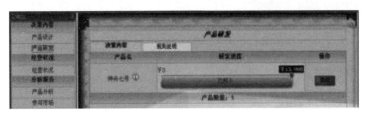

图7-2　产品研发

2.制造部

制造部负责企业产品的生产制造工作,包括原料采购、厂房购置、设备购置、订单交付、资质认证、生产工人、产品交货等。

①原料采购:根据企业设计的产品原料配置情况,采购生产产品所需要的原料(见图7-3)。

图7-3　原料采购

②厂房购置:企业可以购买或租用厂房,用来放置生产设备(见图7-4)。

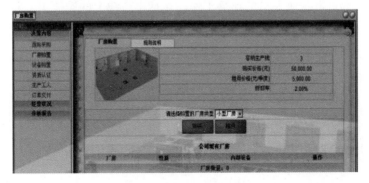

图7-4　购买或租用厂房

③设备购置：在拥有了厂房后，可以购买设备安置到指定的厂房中（见图7-5）。

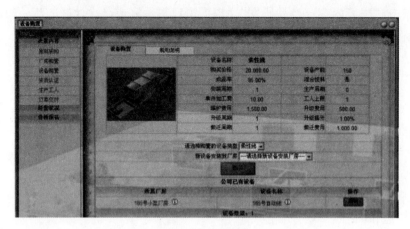

图7-5 设备购置

④订单交付：订单收到后，就要进行订单的交付工作。

⑤资质认证：部分市场需要通过认证才能进入。根据商业新闻资料的提示，安排企业的认证计划。

⑥生产工人：安排工人的培训计划，提交给人力资源部安排培训，提升技能。

⑦订单交货：企业拿到销售订单后，根据存货情况安排订单交货。输入要交付的订单数量，点击"发货"即可。

3. 生产车间

如需要进行生产排产，需要首先进入"生产车间"，点击后会跳出厂房选择窗口。选择需要进入的厂房，点击"进入"，进入厂房内部后可以看到该厂房内的所有生产设备。点击要安排生产计划的生产线，在弹出的窗口中对该生产线进行生产排产或相关操作。

4. 人力资源部

人力资源部负责企业人员的招募工作，包括生产线上的操作工人和销售部的销售人员。之后与招募的人员签订合同，为他们办理保险，并根据制造部和销售部提出的培训计划，为相关人员安排技能培训。

①人员招募：根据制造部和销售部的用人计划，到人才市场招募生产工人和销售人员。

②签订合同：与企业所有人员包括所有管理层人员、招募的生产工人和销售人员等，签订劳动合同，并为他们办理社会保险。

③ 工人调整到需要工作的生产线上方可生产产品（见图7-6）。

图7-6　工人调整

④ 员工培训：对员工进行培训可以提升员工技能。如果要为生产工人和销售人员安排培训，首先由相关部门提交培训计划；如果要对生产工人进行培训，首先到制造部安排培训计划，再转到人力资源部，可以看到制造部提交的生产工人培训计划。点击"培训"按钮，即可安排对该名工人的技能培训（见图7-7）。

图7-7　员工培训

5.市场部

市场部负责企业市场整体推广工作，包括区域市场的开发以及产品在市场上的广告宣传投入。

① 市场开发："创业之星"模拟实训平台有多个针对不同的客户群体的市场，可有选择性地进行开发（见图7-8）。

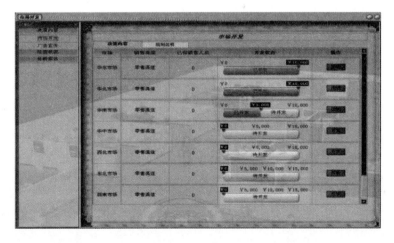

图7-8　市场开发

② 广告宣传：针对企业的每一个产品制订本季度的广告宣传计划。

6.销售部

销售部负责企业产品的对外销售工作。销售部要负责销售人员的岗位安排,以及针对每一个市场的不同情况,制定产品在不同市场上的报价策略。

市场开发:根据企业战略,对应开发的市场选择相关的产品报价和出售数量。

7.财务部

财务部负责企业资金筹划管理,为企业日常生产经营的正常进行提供资金支持。

① 银行借款:进入创业银行,点击"信贷业务"窗口,根据提示申请借款。
② 现金预算:根据企业发展规划与经营目标,完成本期现金预算表。

在完成本季度所有经营决策后,教师端在任务进度控制菜单下点击"进入下一季度",即完成当前季度工作。各小组可以查看上季度经营状况,交付上季度获取的订单,收回货款,盘点库存,对本季度经营管理进行分析决策。

8.投料生产

点击"制造部—投料生产",进入各设备,进行投料生产。

注意:设备在闲置中的,可以马上净值出售;设备在生产、搬迁、升级中的,可以预出售,待季度末设备生产完成、搬迁完成、升级完成后,系统自动以净值出售。

如果厂房内没有其他设备,可以退租或出售;如果厂房内的设备都在预出售中,厂房可以预退租/出售。进入设备内,可以投料、升级、搬迁(见图7-9)。

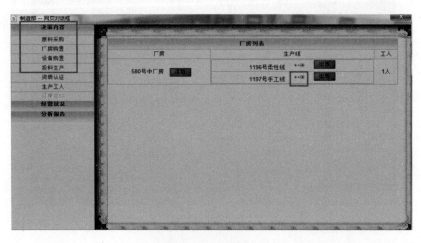

图7-9 产品生产

9.产品报价

点击"销售部—产品报价",进入即可看到各区域市场的产品报价情况。产品报价里包含的主要决策有报价和设定上限数(见图7-10)。

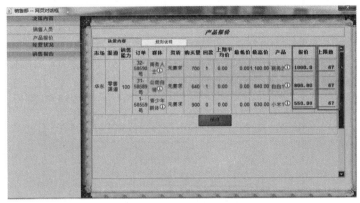

图7-10 产品报价决策

① 对每一个区域市场,在企业完成市场开发的情况下可以进入该市场销售,最右边的"报价"栏和"上限数"可以设定,否则不允许参与报价销售。

② 放弃的市场,报价默认为0。

③ 报价不超过最高价,不低于最低价(上季度平均价的60%)。可参考产品成本、产品面向的消费群体对价格的关注权重,以及上期竞争对手的报价情况,来制定报价策略。

④ 上限数,默认是销售能力,同一市场不同的产品都有其对应的销售能力。上限数可根据交货能力往各个市场分配。交货能力=本期在制品+往期库存。

10.产品配送

教师登录账号进入后台,待所有小组都完成生产和报价等决策后(见图7-11),点击"任务进度控制—产品配送",发布任务。

图7-11 小组提交决策

学生登录学员账号,点击"制造部—订单交付",根据库存交付订单(见图7-12)。企业产品不足交付的订单将给予罚金,并取消。

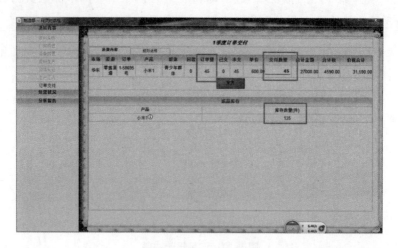

图7-12 订单交付

所有小组都完成后,教师端发布任务,进入下一个季度。

二、企业经营状况查看

1.教师端查看学生任务完成情况

在教师端点击"任务进度控制",点击"所有任务",右边可以查看各个小组各项任务的完成情况,完成是绿色,未完成是红色(见图7-13)。前期教师主要看"市场报价""生产制造"这两个任务,因为没有报价就没有订单,没有生产就没有产品。后面交货阶段,教师主要看"订单交付"这个任务的完成情况。

图7-13 教师端查看学生任务完成情况

2.企业经营状况查看

在教师端,点击"公司经营状况",可以查看各个小组每个部门的经营状况。例如,可以点击财务部看资金余额及应收应付账款,点击制造部看生产布置情况,点击研发部看产品设计研发情况,点击市场部看市场开发情况等。广告投放和报价涉及商业机密,一般在"综合分析报告—各部门分析报告"里面呈现(见图7-14)。

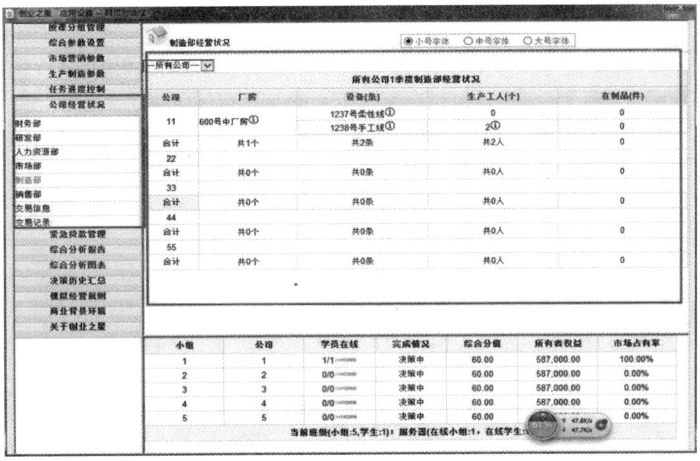

图7-14 企业经营状况查看

3.紧急贷款管理

授课中,为了让所有学生跟上进度,教师可以给破产无法经营下去的小组追加紧急借款。在教师端,点击"紧急贷款管理"即可进入。紧急借款利息高,而且总分会有扣分。

需要注意的是:教师选择好小组后,鼠标要在其他地方点击一下,避免滑动到其他小组。然后点击"申请紧急借款",输入金额(见图7-15)。

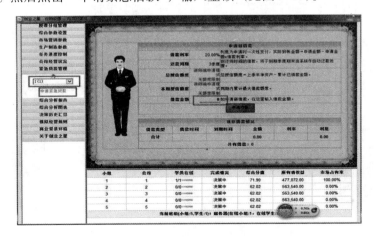

图7-15 紧急贷款查看

4.决策历史汇总

在教师端点击"决策历史汇总",可以查看各个小组所有经营决策记录,以及资金流的变化(见图7-16)。

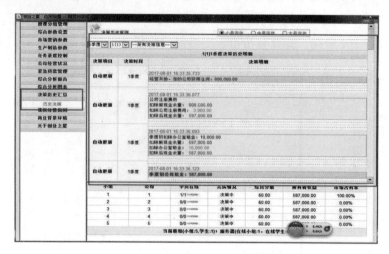

图7-16 决策历史汇总

三、综合分析报告

综合分析报告包括各部门之前的决策数据及相关分析报告,以及对经营绩效成绩等进行分析的数据。

1.教师端经营绩效(成绩)查看

点击"综合分析报告",然后打开"经营绩效",选择"综合表现",即可查看最终得分(见图7-17)。

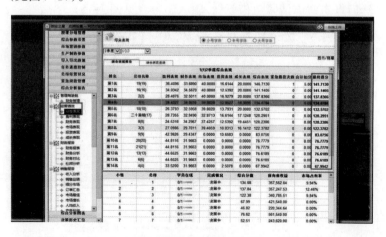

图7-17 综合分析报告

最终得分＝盈利表现＋财务表现＋市场表现＋投资表现＋成长表现－紧急借款扣分

下面有每一单项表现评分及与之相关的要素。

2. 盈利表现

盈利表现与所有者权益相关，所有者权益＝实收资本＋累计净利润。实收资本不变，所以分析盈利变现，可以结合"财务报告—财务对比—利润表（累计）"对比查看各小组的营业收入、各项成本、最终累计净利润等情况（见图7-18）。

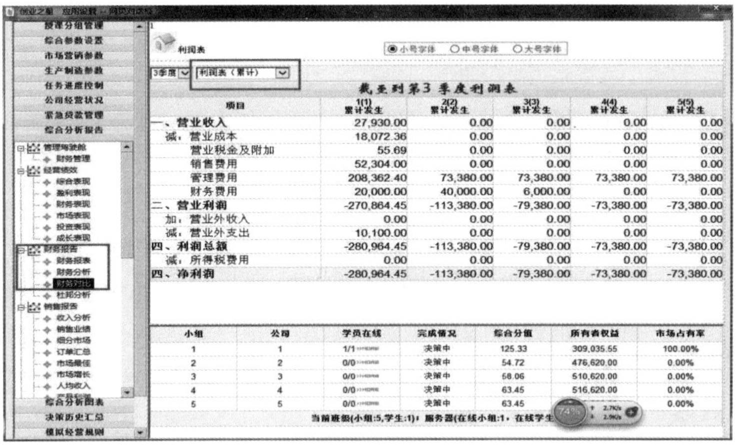

图7-18 盈利表现

3. 财务表现

财务表现成绩和平均财务综合评价相关，财务综合评价详见"财务报告—财务分析"，也可以在"财务报告—财务对比—平均财务分析"中对比查看（见图7-19）。

图7-19 财务表现

人们一般根据三大项12个基本指标评判一家企业的财务表现,基础数据取自企业经营中生成的三大财务报表。这些指标比较常见,学员可以通过百度搜索获得相关公式,这里不再赘述。

还有一些其他选项,如"财务报告杜邦分析""管理驾驶舱—财务管理",可辅助进行财务点评。

4. 市场表现

市场表现和市场占有率及交货率相关,通过点击"销售报告—收入分析",可以查看市场占有率及交货率图表(见图7-20)。

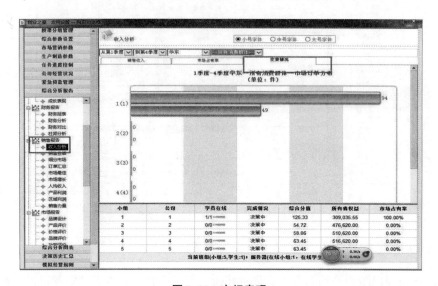

图7-20　市场表现

再对应看"市场报告—品牌设计""市场报告—产品评价"。

在"品牌设计"中,可以看到各小组面向哪类消费群体设计的产品多,也就是主打市场。

在"产品评价"中,系统模拟的消费者对进入该市场的所有产品,从产品价格、产品品牌、产品功能、销售能力、产品口碑这五个方面进行评分,评分高的比较受市场欢迎,理论上订单会多一些,当然也会受到产能的限制(见图7-21)。

① 产品价格。产品价格是指企业销售产品时所报的价格。与竞争对手相比,价格越低,越能获得消费者的认可。

② 产品品牌。产品品牌由企业市场部在产品上所投入的累计宣传广告产生的广告效应决定,与竞争对手相比,累计投入广告越多,产品的累计广告效应越高,产品品牌知名度就越高,越能获得消费者认可。

③产品功能。产品功能主要指每个企业设计新产品时选定的功能配置表（BOM表），与竞争对手相比，产品的功能越符合消费者的功能诉求，就越能得到消费者的认可。

④销售能力。销售能力是指企业当前销售产品所具备的总销售能力。与竞争对手相比，总销售能力越高，越能获得消费者的认可。

⑤产品口碑。产品口碑是指该产品的历史销售情况。与竞争对手相比，产品累计销售的数量、产品订单交付完成率越高，消费者对产品的认可度就越高。

其他报告也可以一一查看。

图7-21　产品评价

5.学员端成绩查看

在学员端点击"总经理办公室"，之后选择"经营绩效—综合表现"，即可查看最终得分（见图7-22）。

总经理办公室可以查看所有报告和报表，其他各部门也都有对应的分析报告（见图7-23）。

在公司场景中点击"总经理"，在弹出窗口中选择"经营绩效－市场管理"，可以查看综合评价分数其中的市场表现分数情况。

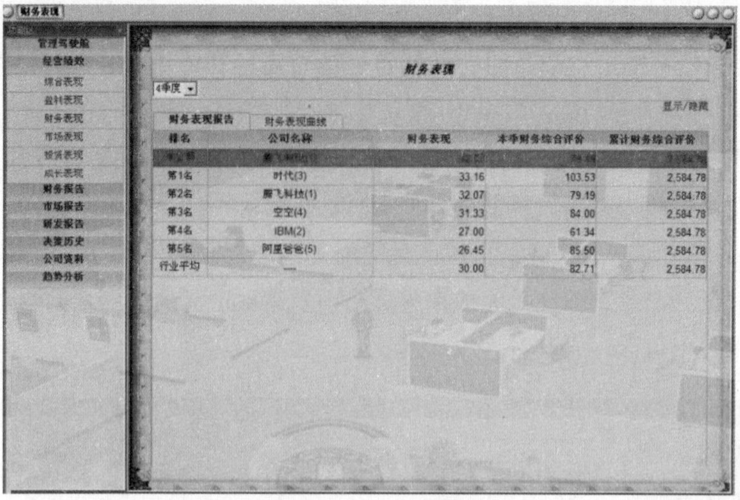

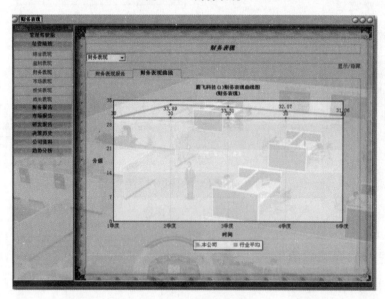

图7-22 财务表现

图7-23 财务表现曲线

第四节 交流与点评

这一部分的主要目的是让学员总结企业经营模拟中的专业知识点，查看实训流程掌握情况，并针对运营方案进行分析，找出自己的优势与不足。教师可以引导学生分析课程实训中企业运作成功与失败的案例，让各小组交流心得和收获，点评各小组决策技巧。

我们在前面的实训项目中对企业经营进行模拟后，总结出两种策略。本实训就重点以"创业之星"模拟创业平台的玩具模板为例介绍两种策略。因为每场比赛的市场情况变化较大，竞争对手的实力和策略也都在改变，所以本章主要针对变数较小的第一季度的决策进行讲解，后面几个季度的决策流程与第一季度相似，只是在第二、三季度增加了质量认证步骤。

一、策略一："两柔六手"，市场全开

第一季度购置两条柔性线、六条手工线（以下简称"两柔六手"）。

1. 贷款

"两柔六手"策略需要将银行提供的全部信贷额度都用完，第一季度需要短期借款 20 万元，扣除 1 万元当季度利息，实际到账 19 万元，当前账上剩余 78.7 万元。这笔借款将在第四季度末系统自动结算时偿付（见图 7-24）。另外，每季度的短期借款利率为 5%，所以每季度需要偿还 1 万元利息，在季度初结算时由系统自动扣除。

图 7-24 "两柔六手"策略——银行贷款

2. 产品设计

本策略所涉及的产品都是无须研发，第一季度设计出来之后，马上可以投入使用的。品质型客户对产品的配置要求较高，我们设计的无研发品质型产品后期在其他组纷纷推出研发后的高配置产品后，市场吸引力将快速下降，订单也将减少。因此，六个产品零研发策略对应的是只设计一个针对品质型客户的产品，因为针对经

济型客户的产品基本上都是基础配置，无须研发，我们设计的无研发产品不会失去竞争优势，同时经济型产品虽然订单量比实惠型少，但是其销售价格高于实惠型产品，因此，6个无研发产品中有3个经济型产品的设置是合理的（见表7-1）。因为每个产品的设计费为3万元，总计支出18万元，当前账上余额60.7万元。

表7-1 "两柔六手"策略——产品设计方案

群体		产品名	无研发最优配置原料选择
设计方案	实惠型客户	实惠1	玻璃、短平绒、PP棉
		实惠2	玻璃、短平绒、PP棉、发声装置
	经济型客户	经济1	玻璃、短平绒、PP棉、发声装置
		经济2	玻璃、短平绒、珍珠棉
		经济3	纸质、短平绒、PP棉
	品质型客户	品质1	玻璃、短平绒、PP棉、发声装置

3. 市场开发

本策略所对应的产品设计是零研发，竞争重点在经济型产品的销售上。品质型产品只是一个提升利润水平的辅助产品，因此，本策略在第二季度的开始不会进行ISO 9001产品质量认证，虽然在第四季度会因为没有进行质量认证而失去北京和上海的品质型产品销售权利，但是开发的成都市场可以弥补这一销售损失，增加各类型产品的销售。因此，在第一季度需要将剩余未开发的四个市场，包括上海、广州、武汉和成都，都进行开发（见图7-25）。因为每个市场开发成本为2万元，总计支出8万元，当前账上余额为52.7万元。

图7-25 "两柔六手"策略——市场开发

4. 租用厂房

因为第一季度开局采用"两柔六手"策略，租用的厂房的设备容纳量也必须满足8条生产线。"两柔六手"策略可以选择租用一个大型厂房和一个小型厂房，也可以租用两个中型厂房。虽然下季度会将所有手工线都卖出，而且只留下两条柔性线生产，保证足够产能（因为按照市场平均水平，比较合理的假设是，市场上每个小组对于每种客户平均会设计两个产品，根据销售部的产品报价中所给出的市场购买量的大小，可以测算出每个小组每个产品可能的销售量），但是需要考虑到第三季度随着广州和武汉市场的开放，市场容量扩大了将近一倍，第二季度必然会增加一条柔性线，则厂房容量需要能够容纳三个设备。因此，结合成本最优原则以及未来规模计划，"两柔六手"策略选择租用两个中型厂房（见图7-26）。因为一个中型厂房的租用价格为0.5万元，租用两个中型厂房的支出总计为1万元，当前账上余额为51.7万元。

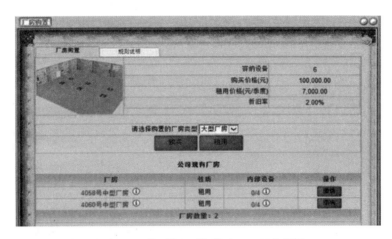

图7-26 "两柔六手"策略——厂房租用

5.生产设备购置

在厂房租赁成功后，接下来就是购置生产设备。结合成本最优原则以及未来规模计划，"两柔六手"策略选择租用两个中型厂房，配置两条柔性线和六条手工线（见图7-27）。因为一条柔性线的成本是12万元，一条手工线的成本是4万元，"两柔六手"的支出总计48万元，当前账上余额为3.7万元。

6.工人招聘

第一季度只有北京一个销售市场，按照系统设置的市场容量，每个产品对应的平均销量不足315，因此在第一季度，每条手工线招募1个生产工人（见图7-28），生产能力为450个产品，在成品率为70%的情况下，最后产成品为315个。因为招聘一个生产工人的手续费为0.05万元，6个工人的支出总计为0.3万元，当前账上余额为3.4万元。

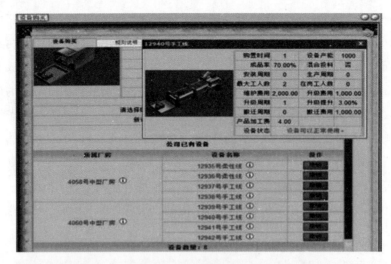

图7-27 "两柔六手"策略——生产设备购置

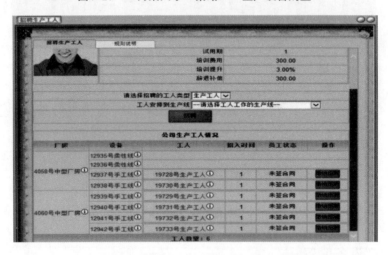

图7-28 "两柔六手"策略——工人招聘

7. 原料采购

根据前文计算的每个产品可能的平均销售量,本策略第一季度的排产计划如表7-2所示。

表7-2 "两柔六手"策略——第一季度排产计划

产品名	销售群体	预计销售量	计划成品量	计划投产量
实惠1	实惠型客户	228	315	450
实惠2		228	315	450
经济1	经济型客户	184	245	350
经济2		184	245	350

续表

产品名	销售群体	预计销售量	计划成品量	计划投产量
经济3	品质型客户	184	245	350
品质1		276	310	443

预计销售量的计算是在每个小组针对不同群体（除品质型客户外）平均拥有两个产品的假设基础上计算出来的，第一季度大多数小组只有一个品质型产品能够投产。另外，需要注意的是，相对于其他策略，"两柔六手"策略在第一季度是没有资金能够进行广告宣传的，其他策略一般会将多余的资金重点投入品质型产品中，因此，本策略的品质型产品没有什么竞争力，我们的品质仅比市场平均水平略微高一点。

结合前文每个产品的原料配置，计算出每种原材料所需购买数。原料货款付款周期不同，当付款周期为"0"时，意味着购买时立即扣款；当付款周期为"1"时，意味着当期购买，下期付款。本季度购买的原料只有玻璃包装纸和PP棉的货款需要立即支付，这一金额总计为2.6万元，当前账上余额不到0.8万元。

8. 产品生产

产品生产是在生产车间进行的，点击进入"生产车间"，会弹出厂房列表界面。把鼠标放在"进入"按钮，点击进入生产线进行投料操作。每条生产线的生产安排详见表7-2的第一季度的排产计划。

9. 销售招聘

增加销售人员可以提高产品的销售量，而且销售人员的工资可以在期末订单回款后，系统再自动支付。在资金短缺时，可以通过增加销售人员替代广告宣传，延迟现金流支出。

10. 产品报价

一般情况下，每种产品都是按照最高价定价，然后根据每种产品的计划成品量填写上限数。

11. 广告宣传

本策略由于资金紧张，在第一季度没有多余的资金进行广告投入（见图7-29）。

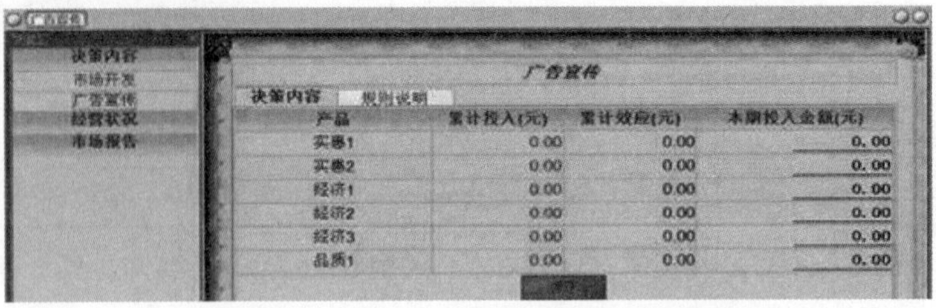

图7-29 "两柔六手"策略——广告宣传

12. 预先购买到货周期为1的原材料

品质1、经济1和实惠1都需要发声装置,发声装置的到货周期为一个季度,因此,需要根据下季度的生产量提前安排原材料。

13. 出售手工线,退租厂房

手工线的成品率为70%,且不能混合投产(混合投产是指同一设备上能够生产多种产品),因此在两条柔性线能够满足市场需求的情况下,为了节省第二季度的生产成本,我们需要在第一季度产品投入生产后卖出这六条手工线,同时将其中一个空置的中型厂房退租。

出售手工线,退租厂房的操作如下:在企业内部界面点击"生产车间"按钮,在弹出如图7-30所示的企业厂房预览界面中,点击手工线后面的蓝色按钮"出售",就可以出售对应的手工线。

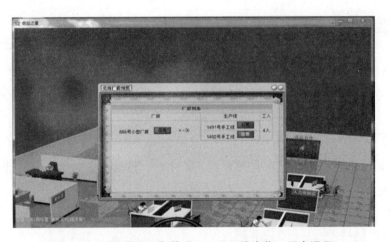

图7-30 "两柔六手"策略——手工线出售、厂房退租

在点击"出售"手工线后,如果当前设备没在使用(搬迁/升级/生产等),"确定"后将立即被出售,而且这一操作不可撤销,当然出售所得的款项也将立即到

账。但如果当前设备正在使用（搬迁/升级/生产等）中，"确定"后设备将在季度末完成上述工作后自动被出售，该操作在期末前可撤销（见图7-31）。

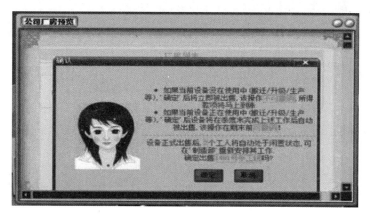

图7-31 "两柔六手"策略——手工线出售

这里需要注意的是，只有正在使用状态中（搬迁/升级/生产等），出售手工线才能确保在季度末产品生产完成后，系统自动将设备出售。这一操作不会影响产品的投产，也不会影响下一季度的折旧费用。如果在本季度手工线没有被出售，而是选择在第二季度初还未投产前出售，则会增加固定资产折旧费用，增加生产成本。

二、策略二："两柔五手"策略

另一种比较常见的开局为第一季度购置两条柔性线、五条手工线（以下简称"两柔五手"）。

1.贷款

因为在第一季度初系统会自动扣除企业注册费用0.3万元和1万元的办公室租金，所以季度初账上资金余额为58.7万元。"两柔五手"策略需要将银行提供的全部信贷额度都用完，第一季度需要短期借款20万元，扣除1万元当季度利息，实际到账19万元（见图7-32）。这笔借款将在第四季度末系统自动结算时偿付。另外，每季度的短期借款利率为5%，所以每季度需要偿还1万元利息，也是在季度初结算时系统自动扣除。

2.产品设计

本策略所涉及的产品中只有品质型的一个产品需要研发，其余五个产品在第一季度设计出来之后，马上可以投入使用。根据前面章节内容，综合考虑产品的原料成本、研发时间、市场竞争力以及战略目标，本文针对三种类型的客户分别设计两

图7-32 "两柔五手"策略—银行贷款

款产品(见表7-3和图7-33)。产品的配置是根据目标消费群体的关注侧重点设计的,如表7-3所示。品质型客户对产品的配置要求较高,为了使我们的产品在比赛后期具有市场竞争力,我们设计的一款品质型产品采用了最高配置(3+3+3+1+1)。产品的配置高,需要进行一个季度的研发,意味着产品的成本很高,因此,为了维持利润水平,品质2的广告投入不会很多(见图7-34)。设计品质1,能够在第一季度投入生产,进行销售,在大家的品质型产品都没有研发的情况下,能够拥有品质型市场的平均占有率。但在比赛后期其他组纷纷推出研发后的高配置产品后,品质1的市场吸引力将快速下降,订单也将减少。针对经济型客户的产品基本上都是基础配置,无须研发,我们设计的无研发产品不会失去竞争优势,同时经济型产品虽然订单量比实惠型少,但是其销售价格高于实惠型产品,因此,5个无研发产品中有2个经济型产品的设置是合理的。因为每个产品的设计费为3万元,研发费用为2万元,总计支出20万元,当前账上余额57.7万元。

表7-3 "两柔五手"策略—产品设计方案

目标消费群体	产品名	产品配置	研发系数	累计评分	当期是否可投入使用
品质型客户	品质1	玻璃包装纸+短平绒+PP棉+发声装置(用1+1+1+1代替)	0.4	13	是
	品质2	金属包装盒+玫瑰绒+棉花+发声装置+发光装置(用3+3+3+1+1代替)	1.2	50	否,需研发

续表

目标消费群体	产品名	产品配置	研发系数	累计评分	当期是否可投入使用
经济型客户	经济1	玻璃包装纸＋短平绒＋PP棉＋发声装置（用1＋1＋1＋1代替）	0.4	13	是
经济型客户	经济2	纸质包装盒＋短平绒＋PP棉（用2＋1＋1代替）	0.4	12	是
实惠型客户	实惠1	玻璃包装纸＋短平绒＋PP棉＋发声装置（用1＋1＋1＋1代替）	0.4	31	是
实惠型客户	实惠2	玻璃包装纸＋松针绒＋PP棉（用1＋2＋1代替）	0.2	30	是

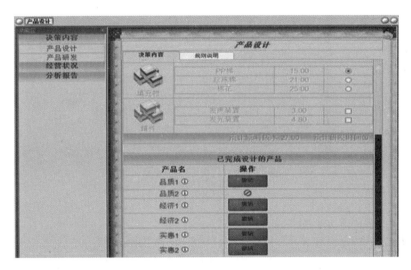

图7-33 "两柔五手"策略——产品设计

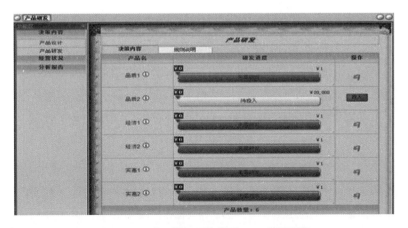

图7-34 "两柔五手"策略——产品研发

3. 市场开发

本策略所对应的产品设计是品质1研发，竞争重点在于品质型产品的销售。在第四季度，企业只有获得ISO9001认证，才具有在北京市场和上海市场的品质型客户群体中销售的资格，因此，本策略在第二季度开始会进行ISO9001产品质量认证。但是基于第二季度和第三季度的现金预算，没有多余的资金能够支持成都市场的开发或者是将开发成都市场的资金用于前三期的广告投入中，来增加各类型产品的销售。因此，在第一季度只需要开发剩余未开发的三个市场，包括上海、广州、武汉（见图7-35）。因为每个市场开发成本为2万元，总计支出6万元，当前账上余额为51.7万元。

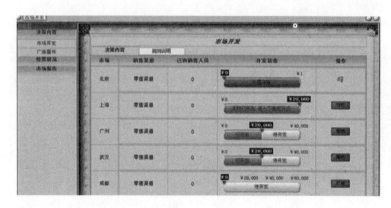

图7-35 "两柔五手"策略——市场开发

4. 租用厂房，购买设备

因为第一季度开局是"两柔五手"，租用的厂房的设备容纳量也必须达到7台。"两柔五手"策略可以选择租用一个大型厂房和一个小型厂房，也可以租用两个中型厂房。虽然下季度会将所有手工线都卖出，只留下两条柔性线生产，保证足够产能（因为按照市场平均水平，比较合理的假设是市场上每个小组对于每种客户平均会设计两个产品，根据销售部的产品报价中所给出的市场购买量的大小，可以测算出每个小组每个产品可能的销售量），但是需要考虑到第三季度随着广州和武汉市场的开放，市场容量扩大了将近一倍，第二季度必然会增加一条柔性线，则厂房容量需要能够容纳三个设备。因此，结合成本最优原则以及未来规模计划，"两柔五手"策略选择租用两个中型厂房（见图7-36）。因为一个中型厂房的租用价格为0.5万元，租用两个中型厂房的支出总计为1万元，但是厂房的租金是在季度末进行结算的，因此当前账上余额仍然为51.7万元。但是"两柔五手"策略相对于"两柔六手"策略而言，有一个缺点是因为第一季度少了一个产品进行生产销售，到第三季度初资金会相对紧张。

因此，第三季度如果"两柔五手"策略增加一条手工线的话，会导致广告投入的资金不足；如果"两柔五手"策略选择不增加一条手工线的话，账上剩余的资金用于投广告又会过多，选手需要自己去权衡。

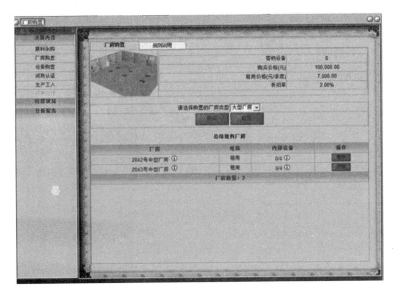

图7-36　"两柔五手"策略——厂房租用

在厂房租赁成功后，接下来就是购置生产设备——两条柔性线和五条手工线。因为一条柔性线的成本是12万元，一条手工线的成本是4万元，"两柔五手"的支出总计为44万元，当前账上余额为7.7万元。

5.工人招聘

第一季度只有北京一个销售市场，按照系统设置的市场容量，每个产品对应的平均销量不足315，因此在第一季度，每条手工线招募1个生产工人，生产能力为450个产品，在成品率为70%的情况下，最后产成品为315个（见图7-37）。因为招聘一个生产工人的手续费为0.05万元，5个工人的支出总计为0.25万元，当前账上余额为7.45万元。

6.原料采购

预计销售量的计算是在每个小组针对不同群体（除品质型客户外）平均拥有两个产品的假设基础上计算出来的，第一季度大多数小组只有一个品质型产品能够投产。另外，"两柔五手"策略在第一季度是有资金能够进行广告宣传的，其他策略一般不会有很多剩余资金能够进行广告投入，而如果他们有资金的话，也会重点投入品质型产品中。但是"两柔五手"策略剩余的资金能够满足各个产品在第一季度赢得品牌效应，因此排产量也会比市场平均量更多些。根据前文计算的每个产品可能的平均销售量，本策略第一季度的排产计划如表7-4所示。注意，本文的排产量只是一个举例说明，具体排产量需要学员根据自己的观察不断调整。

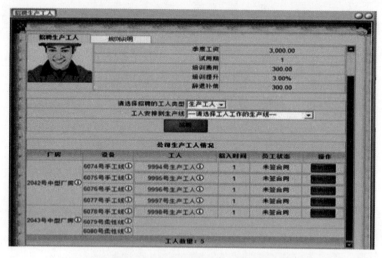

图7-37 "两柔五手"策略——工人招聘

表7-4 "两柔五手"策略——第一季度排产计划

	本期预测销量	是否投入广告	本期投产量	玻璃包装纸	纸质包装纸	金属包装纸	短平绒	松针绒	玫瑰绒	PP棉	珍珠棉	棉花	发声装置	发光装置
实惠1	300	是	450	450			450			450			450	
实惠2	300	是	450	450				450		450				
经济1	250	是	360	360			360			360			360	
经济2	250	是	360		360		360			360				
品质1	315	是	450	450			450			450			450	

续表

	本期预测销量	是否投入广告	本期投产量	玻璃包装纸	纸质包装纸	金属包装纸	短平绒	松针绒	玫瑰绒	PP棉	珍珠棉	棉花	发声装置	发光装置
品质2	—	—	—				—			—			—	—
合计				1710	360	0	1620	450	0	2070	0	0	1260	0

结合前文每个产品的原材料配置，计算出来的每种原材料所需购买数如上表所示。原料货款付款周期不同，当付款周期为"0"时，意味着购买时立即扣款；当付款周期为"1"时，意味着当期购买，下期付款。从图7-38中可以看到，本季度购买的原材料只有玻璃包装纸、松针绒和PP棉的货款需要立即支付，这一金额总计为3.84万元，当前账上余额为3.61万元。

图7-38 "两柔五手"策略——原料采购

注意：发声装置需要勾选紧急采购，当季生产时才能使用。

7. 销售招聘

增加销售人员可以提高产品的销售量，而且销售人员的工资可以在期末订单回款后，系统再自动支付。在资金短缺时，可以通过增加销售人员替代广告宣传，延迟现金流支出。但是"两柔五手"策略将会进行广告投入，广告摊到每个产品上对应的销售费用已经很高，因此，这里招聘的销售人员比没有广告投入的"两柔六手"要少，一般第一季度北京市场招聘3到4个销售人员即可（见图7-39和图7-40）。北京市场招聘4个销售人员的费用为0.2万元，当前账上余额为3.41万元。

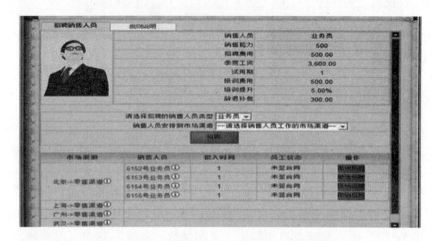

图7-39 "两柔五手"策略——销售招聘

图7-40 "两柔五手"策略——签订合同

8.产品生产

产品生产是在生产车间进行，点击进入生产车间，会弹出厂房列表界面（见图7-41）。把鼠标放在"进入"按钮，点击进入生产线进行投料操作（见图7-42）。每条生产线的生产安排详见表7-4的第一季度的排产计划。

9.产品报价

一般情况下，每种产品都是按照最高价定价，然后根据每种产品的计划成品量填写上限数（见图7-43）。

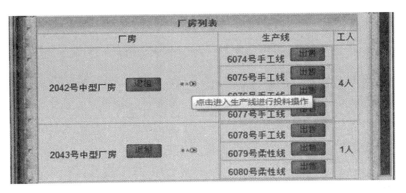

图7-41 "两柔五手"策略——厂房列表界面

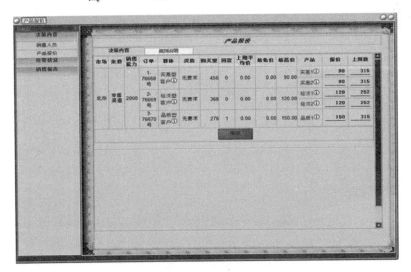

图7-42 "两柔五手"策略——产品生产界面

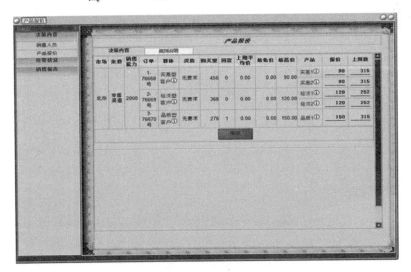

图7-43 "两柔五手"策略——产品报价

10. 广告宣传

"两柔五手"策略前期操作完成后，剩余用于进行广告投入的资金为3.41万元。按照常规市场赛，第一季度品质型产品广告投入1.5万元，能够将手工生产线生产的315件品质1销售出去。剩余1.9万元左右的资金，将1.3万元投入两个经济型产品中，经济型产品大概能够销售250个左右。最后的0.6万元平均投入到两个实惠型产品中，实惠型产品的销售量也将会不错（见图7-44）。

图7-44　"两柔五手"策略——广告宣传

11. 预先购买到货周期为1的原料

因为金属包装盒、棉花、发声装置和发光装置的到货周期为一个季度，因此，需要根据下季度的排产计划为下季度的产品生产提前购买这些原料（见图7-45）。

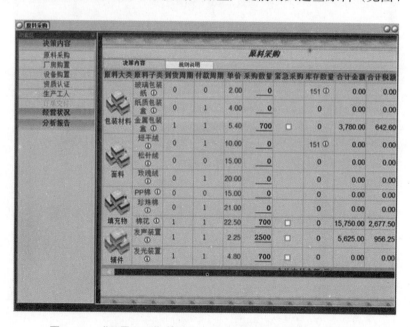

图7-45　"两柔五手"策略——预先购买到货周期为1的原料

12. 厂房退租，手工线出售

手工线的成品率为70%，且不能混合投产，因此在第二季度两条柔性线能够满足市场需求的情况下，为了节省第二季度的生产成本，我们需要在第一季度产品投入生产后卖出这五条手工线，同时将其中一个空置的中型厂房退租。

出售手工线，退租厂房的操作如下：在企业内部界面点击"生产车间"按钮，在弹出如图7-46所示的企业厂房预览界面中，点击手工线后面的蓝色按钮"出售"，就可以出售对应的手工线。

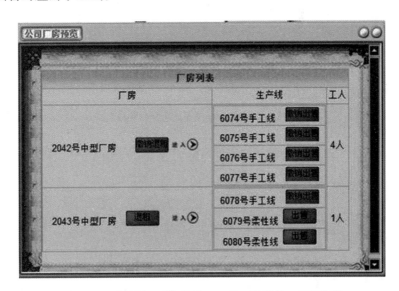

图7-46　"两柔五手"策略——手工线出售、厂房退租

在点击出售手工线后，如果当前设备没在使用（搬迁/升级/生产等）中，"确定"后将立即被出售，而且这一操作不可撤销，当然出售所得的款项也将立即到账。但如果当前设备正在使用（搬迁/升级/生产等）中，"确定"后设备将在季度末完成上述工作后自动被出售，该操作在期末前可撤销（见图7-47）。

13. 订单交付

在制造部的决策内容中，点开"订单交付"界面，按照系统分配的订单量进行交付（见图7-48）。如果订单量超过库存成品，则会造成订单违约，需要缴纳违约的订单金额的30%作为违约金。如果订单的汇款周期为"0"，意味着交付订单后，销售收入直接汇入企业。如果订单的汇款周期为"1"，意味着交付订单后，这笔订单金额会形成下季度偿付的应收账款。以此类推。本季度末交付订单后企业账上资金为9.98万元。

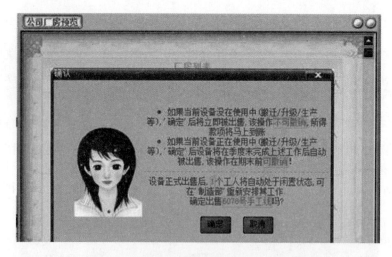

图7-47 "两柔五手"策略——手工线出售

图7-48 "两柔五手"策略——订单交付

14.季度末结算

本季度末和下季度初系统自动结算的过程和金额可以在"总经理办公室"查询,点击"决策历史"选项,里面有企业所有的决策内容,包括系统自动结算部分。季末自动结算项有制造费用、管理人员成本(该数据为一定值13460元)、销售人员工资和行政管理费用,还包括未缴纳的订单罚金和预出售设备的还款等。所以学员需在自动结算之前计算好自动结算项所需的资金,提前做好资金扣除的准备,避免出现紧急贷款,需要注意的是,自动结算是按照顺序扣除的,任一环节出现资金不足都会导致资金流的断链。

其中,各单项的计算公式如下。

① 制造费用的结算:制造费用=设备维护费+厂房租金+生产工人工资+产品加工费用。

② 设备维护费＝在产手工线数量×2000＋在产自动线数量×3000＋在产柔性线数量×4000。第一季度在产的只有5条手工线，因此设备维护费为10000元。

③ 厂房租金＝小型厂房数量×3000＋中型厂房×5000＋大型厂房×7000。第一季度只有两个中型厂房，因此厂房租金为10000元。

④ 生产工人工资＝生产工人数量×（工人工资＋五险费用）＝生产工人数量×4038。第一季度只招聘了5个工人，因此生产工人工资为20190元。

⑤ 产品加工费用＝手工线投产量×4＋自动线投产量×3＋柔性线投产量×2。第一季度在产的只有5条手工线，共生产了2070件产品，因此加工费用为8280元。

⑥ 制造费用＝10000＋10000＋20190＋8280＝48470元。

⑦ 管理人员工资和保险的结算：无论有多少个管理人员，系统确定管理人员工资为10000元，保险为3460元，因此管理人员工资和保险为13460元。每季度都相同。

⑧ 销售费用的结算：销售费用＝销售人员个数×（销售人员工资＋五险费用）＝销售人员个数×4982.4。第一季度只招聘了4个销售人员，因此销售费用为19382.4元。

⑨ 基本行政管理费用的结算：基本行政管理费用＝企业除管理层外的总人数×1000/人。第一季度招聘5个工人、4个销售人员，基本行政管理费用为9000元。

⑩ 未缴订单罚金的结算：订单违约金＝(该订单最高限价×未交付订单数量)×30%。根据以上各单项的计算可以得出季末自动结算所需的全部费用，并自动得出期末余额。本季度没有订单违约，因此未交订单罚金为0元。

⑪ 出售设备的还款：出售设备的还款＝出售设备账面余额×出售设备数。出售的手工线是当季度买进的，不存在设备折旧问题，当季度仍能以原价卖出，因此出售设备的还款为200000元。至此，第一季度末账上剩余资金为209510.81元。

15. 下季度初结算

下季度季初自动结算项包括到期应收账款回款、到期应付账款偿付、税金交付、办公室租金（该数据为定值10000元）和上期预购的原料成本等。

① 到期应收账款回款的结算：季度初，到期的应收账款会自动回款。第一季度的应收账款只有48438元，且都是回款周期为"1"，所以回款48438元。

② 到期应付账款偿付的结算：季度初，到期的应付账款会自动从账上扣除，第一季度购买原材料的应付账款只有23907.31元，且还款周期为"1"，因此系统自动还款23907.31元。

③税金的结算：税金＝增值税＋附加税。其中各单项的计算公式如下。

$$增值税＝销项税－进项税$$

进项税的计算依据为当季入库的原材料的增值税，销项税的计算依据为当季出售的产品的增值税。

$$附加税＝增值税 \times 12\%$$

由以上各项费用和回款得出自动结算之后的季初余额。

因此，当期税金＝12474.5×（1＋12%）＝13971.44元。

④办企业租金的结算：办公室租金为定值10000元。

⑤上期预购的原料成本：有些产品所需的原材料的到货周期为一个季度，因此需要提前一个季度购买本季度所需原料。上期预购的原料成本的付款周期为"1"，因此季度初系统会自动还款。第一季度预购的原料成本为32969.43元，所以本期自动还款32969.43元。

至此，第二季度初账上剩余资金为177100.63元。

本章小结

（1）研发部负责企业新产品的研究与开发工作。点击"研发部"，弹出窗口会显示研发部需要完成的决策任务以及相关操作。

（2）制造部负责企业产品的生产制造工作，包括原料采购、厂房购置、设备购置、订单交付、资质认证、生产工人、产品交货等。

（3）人力资源部负责企业人员的招募工作，包括生产线上的生产工人和销售部的销售人员。之后与招募的人员签订合同，为他们办理保险，并根据制造部和销售部提出的培训计划，对相关人员安排技能培训。

（4）市场部负责企业市场整体推广工作，包括区域市场的开发以及产品在市场上的广告宣传投入。

拓展阅读

参考文献

［1］陈振远.创新与创业[M].济南：华泰文化出版社，2013.
［2］刘万韬.大学生创新与创业教程[M].2版.天津：南开大学出版社，2017.
［3］商业模式实训系统操作手册[M].上海：上海创狐软件科技有限公司，2020.
［4］徐晓辉.创业运营模拟实验教程[M].武汉：武汉大学出版社，2018.
［5］姚碧锋.创业之星操作/教师手册[M].杭州：贝腾创业研究院，2016.

与本书配套的二维码资源使用说明

本书部分课程及与纸质教材配套数字资源以二维码链接的形式呈现。利用手机微信扫码成功后提示微信登录，授权后进入注册页面，填写注册信息。按照提示输入手机号码，点击获取手机验证码，稍等片刻收到4位数的验证码短信，在提示位置输入验证码成功，再设置密码，选择相应专业，点击"立即注册"，注册成功。（若手机已经注册，则在"注册"页面底部选择"已有账号？立即注册"，进入"账号绑定"页面，直接输入手机号和密码登录。）接着提示输入学习码，需刮开教材封面防伪涂层，输入13位学习码（正版图书拥有的一次性使用学习码），输入正确后提示绑定成功，即可查看二维码数字资源。手机第一次登录查看资源成功以后，再次使用二维码资源时，只需在微信端扫码即可登录进入查看。